博导慧现场管理系列丛书

# 触点沟通
# 工作情景沟通 2131 法则

麻红泽　著

电子工业出版社
**Publishing House of Electronics Industry**
北京·BEIJING

## 内 容 简 介

本书聚焦管理者与被管理者在完成工作目标的进程中，双方如何展开沟通，如何合理运用管理工具提升沟通效率和目标效益，而这套规范的沟通系统工具就是书中提出的工作情景沟通 2131 法则。本书共八章，第一章讲述了实际工作中的沟通之殇；第二章至第七章展开阐述工作情景沟通 2131 法则：2——遵循两个前提，1——坚持一个原则，3——把握"说—听—问"三个环节，1——作用于一个过程；第八章总结了如何建立组织沟通规则。通过在企业中建立具有一系列关键点和里程碑的沟通流程，并在沟通进程中运用系统工具，就能减少信息衰减，使信息得以准确传递，企业得以高效沟通、科学运营。

**图书在版编目（CIP）数据**

触点沟通：工作情景沟通 2131 法则/麻红泽著. —北京：电子工业出版社，2021.6

（博导慧现场管理系列丛书）

ISBN 978-7-121-41186-1

Ⅰ. ①触… Ⅱ. ①麻… Ⅲ. ①人际关系学 Ⅳ.①C912.11

中国版本图书馆 CIP 数据核字（2021）第 093768 号

责任编辑：秦　聪
印　　刷：天津画中画印刷有限公司
装　　订：天津画中画印刷有限公司
出版发行：电子工业出版社
　　　　　北京市海淀区万寿路 173 信箱　邮编：100036
开　　本：880×1230　1/32　印张：6.75　字数：172.8 千字
版　　次：2021 年 6 月第 1 版
印　　次：2021 年 6 月第 1 次印刷
定　　价：59.00 元

凡所购买电子工业出版社图书有缺损问题，请向购买书店调换。若书店售缺，请与本社发行部联系，联系及邮购电话：(010)88254888，88258888。

质量投诉请发邮件至 zlts@phei.com.cn，盗版侵权举报请发邮件至 dbqq@phei.com.cn。

本书咨询联系方式：qincong@phei.com.cn。

# 总　序

## "形而下"的管理之路

笔者自 2007 年著写《从 60 分到 90 分：挖掘员工潜力绩效》一书后已过去十几个年头，创作具有完整逻辑体系、注重实践操作的管理技能方法的图书的念头总是萦绕心间。管理是实践技能，是管理者在每日工作中都要用到的。

### "形而下"的坚持：艺术根植于技艺

"形而上者谓之道，形而下者谓之器。"凡要成文，如果没有上升到思想、哲学的认知层面总略显平庸，但现实世界里不乏柳宗元笔下卖油翁般技艺已臻化境的大师，而其曼妙的技艺分解下来不过是几个基本动作的多重组合，运用之妙唯手熟尔。笔者常想，管理者能否在仰羡管理学者们敏锐的洞察、深邃的思考的同时，聚焦现实日用的基本应用技法，随日月累步，亦可得纯乎一心之妙时！

## 回归工作情景，重组通用管理工具

管理工具书频频登上畅销书排行榜。而管理工具要真正变现出价值，在于能被企业作为组织的通用工具得以普遍使用。麦肯锡的金字塔原理、丰田的五个为什么，华为通过学习 IBM 形成的 IPD，海尔借鉴日本 5S 管理而提出的 OEC 方法等，都在这些企业的辉煌成长中成为组织的独特价值。

本系列丛书所阐述的管理工具是在笔者的工作过程中逐步成形的。笔者是一名同时参与多个项目的管理咨询顾问，需要管控不同的咨询项目，每个项目的周期、进展、人员都是在动态变化中的，项目在进展过程中的客户需求也常常变化。为了能够胜任这些工作的要求，也因为管理咨询顾问这个职业的特性，笔者不断从通用管理工具的组合中寻找弥补能力不足的方法，久而久之于 2007 年结集成书。在此后的十余年里，笔者成立咨询公司、空降为职业经理人、独立收购并运营公司，在日常的管理工作中处理所碰到的问题就是依据这套管理工具的，深感其还是有些价值的。

本系列丛书不会面面俱到地囊括大多数通用管理工具，写作初衷是回归日常工作，为管理者匹配可操作、易上手、可持续的管理技能。读者也可以把书中的一些工具替换成自己熟悉的工具使用。

### 破解学习管理中的困惑

管理学的经典书籍不胜枚举，但大多都是研究性、描述性的，侧重点多在于"如何"，对"该如何做"的着墨不多。大多教学书籍中论述的是研究过程中的分析方法和工具，给出的使用工具又与实际工作情景相分离，对管理者如何在不同的现实工作情景中使用工具提出了巨大的挑战。其结果往往因不会用而没用，不得法而用错，故而真的无用了。

管理实践需要综合应用多种管理技能，但因论述的局限性只能对其进行分解表述。对于管理实践所要使用的多种技能，管理学者们都沿着各自的所在领域进行纵向深入研究，在客观上增加了管理者的综合应用难度。工作往往具有一定的周期性，需要多部门、多人员共同协作完成，并根据管理周期的不同阶段、不同情景、不同人员使用多种管理技法，才可以保证工作目标的达成。管理者在工作过程中变现的管理方式、管理效果及给伙伴带来的感受，综合起来就塑造成了整个组织的工作氛围，久之形成文化固定下来。

如图 0-1 所示，管理就是确保被管理者强制绩效（最低业绩要求）的达成，并尽可能地提升可支配绩效的过程。这就要求管理者围绕达成工作目标的业务轴，适时与被管理者进行交互。为方便表述，还要把管理技能按结构做简单划分：基本技能、核心技能、效率技能。

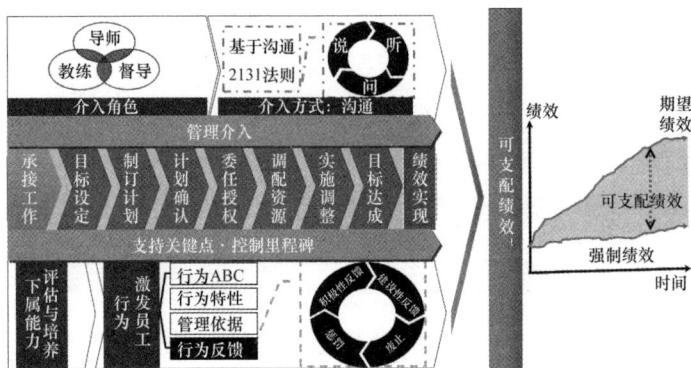

图 0-1  基本管理逻辑

> 基本技能：必须熟练掌握的管理技能，包括管理沟通、

---

1 莱思利·威尔克·伯莱克思克：《领导行为与赢利能力》，罗晓军等译，海南出版社，2003。

时间管理等。

> **核心技能**：如何完成工作的技能，包括问题分析、目标制定、策略决策、制订计划、计划管理等。

> **效率技能**：提升管理效率与效益的技能，包括管理角色、管理反馈等。

在现实工作中达成绩效目标，不仅需要管理者基于核心技能所制定的路线图，还需要解决路线图因达成目标需要迈过的道道阻碍，这必然需要组织内所有成员的协作。在达成绩效目标的进程中，管理者在与团队成员交互时，适时合理地运用管理技能决定了绩效结果的优劣，这些都要依靠管理者运用其管理的基本技能与效率技能。

对于核心技能中的计划及其管理部分，因现有的书中很多针对管理计划、项目计划的论述比较细致完整，对于尚未完全掌握这部分能力的管理者，可以根据所从事的工作内容进行学习，网上有很多的公开模板可供参考，如营销计划、市场计划、产品设计开发计划等，也可以参考项目管理中的项目计划部分。

本系列丛书计划出版四册单本。关于管理的基本技能有两本，一本即讲述工作情景沟通的本书，另一本讲述时间管理；着眼于管理技能提升有两本，一本讲述效率技能中的管理角色与管理反馈，另一本为核心管理技能中的问题分析与决策。

这四本管理技能图书的关注点，始终围绕达成工作目标的进程，在现实的工作情景下，为管理者提供一套连贯完整的管理技能运用方法，提升管理技能在实际工作中的使用效率及使用效果，通过使用管理工具在工作情景中解决实际问题。对于书中提出的方法，希望读者不要仅限于阅读，更要动手实践，通过管理实践学到更多、用得更好。

希望读者在看完这几本介绍日常管理技能与工具的图书后，能感受到管理实践者想传递给实践管理者的积淀，这是笔者整理出版这几本图书的最大心愿。

麻红泽

2021 年春

# 前　言

## 沟通是介入管理的唯一方式

　　管理中的沟通是管理者在实现组织目标的过程中介入管理的唯一方式。沟通不仅包含语言沟通，还包括多种非语言沟通，甚至通过组织程序实施的组织规则和流程也可以称为一种沟通。

　　沟通不仅限于管理者与被管理者之间的沟通，还涉及不同部门之间平级或上下级的沟通，以及与合作伙伴、供应商、客户、政府人员、媒体等跨组织的沟通。

　　沟通可根据不同的形式进行分类，如会议、演讲、公告、网络社群、即时通信软件、邮件等；还可以根据沟通的功能价值进行分类，如委任工作、汇报工作、需求协助、批评、表扬、资源申请等。

依据沟通的分类，从不同的角度对沟通进行论述，每一种情形下都有很多的实际问题需要解决。

为便于阐述、学习及使用，我们总是要做些聚焦抽离的。这本《触点沟通：工作情景沟通 2131 法则》聚焦管理者与被管理者之间，针对在完成工作任务目标的进程中，双方如何沟通，如何合理运用管理工具提升沟通效率和目标效益。

笔者认为，企业中任何沟通的基础线，其沟通方式、沟通形式、期望实现的不同沟通功能都适用书中提出的沟通 2131 法则的基本逻辑体系。可根据不同的沟通对象、不同场景、期望达成的效果，灵活运用沟通 2131 法则所表述的语言的与非语言的、正式的与非正式的、组织系统的与非组织系统的沟通手段。

最后需要说明的是，本书是笔者通过实际工作摸索出来并熟练使用的一套基本管理工具，并不是严谨的学术论述。书名中用了"触点"一词，其可以作为在任何情景中的不同角色交互进程中彼此影响时的一个统称。

笔者对触点的释义：最初为生物学术语，后被美国儿童发展研究会会长、世界儿童科学和儿童发展领域顶尖专家贝里·布雷泽尔顿

（T. Berry Brazelton）引入儿童发展领域，创造并发展为"触点理论"；被道格拉斯·柯南特引入领导交互应用领域；被德国的安妮·M. 许勒尔女士引入管理、运营等多个层面。

麻红泽

2021 年春

# 目 录

CHAPTER 1 第一章

# 实际工作中的沟通之殇

领导者及管理者的沟通不胜枚举：组织中决策的传达、工作的委派、资源的调配、组织与企业文化的建设；激励、辅导、督导、奖励、处罚等管理手段的运用；人才的选、训、用、留、提、去的各个阶段都需要通过沟通来实施推进；团队分工、协作、工作氛围的塑造……这些都要通过沟通来实现。

既然沟通在企业经营中如此重要，那么沟通技能的优劣会给企业运营带来什么样的影响？据美国管理协会一项关于"有能力的管理者应具备什么技巧"的调查中，排在第一位的技巧就是沟通（84%）。有趣的是，排名第二位和第三位的技巧是鼓舞他人（56%）和构建团队（46%），后两项也依赖于有效的沟通。此外，回答此调查的管理者中的 60%都把缺乏合作视为他们在职业提升方面的最大障碍。

对于怎样提升沟通能力，经理人往往花了很多时间、下了很大功夫，但对沟通能力这种看不见、摸不着的东西，还是不得要领、无从下手。既然沟通如此重要，经理人们如此重视，相关书籍和培训课程如此之多，那么为何会对提升沟通能力感到无从下手呢？

借用经常提及的两个关于沟通的数据，可以大概了解企业实际运营中沟通的真实表现是什么状况。一是关于沟通的两个 70%之说，二是沟通过程中因为信息衰减而形成的沟通漏斗。

# 第一节　企业实际运营中的沟通状况

## 一、从两个 70%说起

沟通的第一个 70%是指企业管理者工作时间的 70%实际上都用于沟通。开会、谈话、做报告是最常见的沟通形式，撰写报告实际上是一种书面沟通方式，各类拜访、约见也是沟通的表现形式，所以说管理者将 70%的时间花在沟通上。

沟通的第二个 70%是指工作中 70%的问题是由沟通障碍引起的。比如，常见的效率低下实际上通常是出了问题之后，大家没有进行及时沟通或者不懂得如何去沟通而造成的。执行能力差、领导力不高的管理者，归根结底都与沟通能力欠缺有关。比如，在绩效目标达成方面，管理者对下属总有"恨铁不成钢"的想法，一旦下属没有达成设定的目标，对其失望就大于期望。

如图 1-1 所示为沟通的两个 70%。

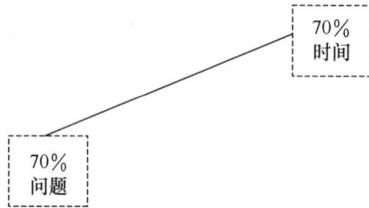

图 1-1　沟通的两个 70%

管理者将 70%的时间用于沟通，那么因沟通产生的这70%的问题如何解决，就必须加以分析，找出因沟通不畅而导致企业运营低效的解决办法。

## 二、沟通漏斗：沟通中产生的信息衰减

沟通漏斗，是指随着沟通的进行，在沟通过程中最后能被执行的信息仅仅为期望表述信息的 40%，两三个月后信息留存不足表述信息的 20%，呈现的是一种由上至下逐渐减少的趋势。根据沟通漏斗所显示的，能透视出一些因沟通引起的管理问题的信息（见图 1-2）。

想说的100%

实际说出来的80%

被听到60%

听懂了40%

三天后余20%

三个月后余5%

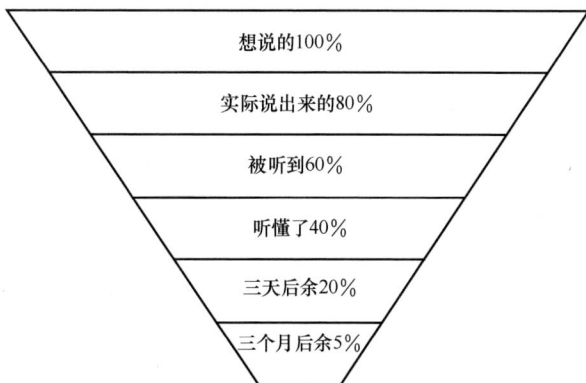

图 1-2　沟通过程中信息的衰减

对于沟通中的说者来说，如果心里想的信息为 100%，那么在众人面前、开会时用语言表达这些信息的内容，就已经漏掉 20% 了——你说出来的只有 80% 了。而当这 80% 的内容进入听者的耳朵时，由于文化水平、知识背景等原因，听者只接收了 60%，然而，真正被理解、消化的信息大概只有 40%。等到听者遵照所领悟的 40% 执行具体行动时，信息已经只剩 20% 了。

第一个被漏掉的 20% 的信息是说者在表达时就漏掉了，只表达出了全部信息的 80% 的内容。沟通需要说者掌握一定的信息表达技能，争取让所表达的信息尽可能少地遗漏。每一个任务、目标、计划和指令都是要由要素、要点组成的，在沟通开始时，说者要对这些所要表达的要点进行梳理，并通过适合的工具，在沟通时把这些要点清楚、准确、简洁地表述给被沟通人即听者。

第二个 20%的信息衰减是因为听者受资历、知识层次、工作经验、理解能力等局限，没能完全听清楚、听明白，进而造成了 20%的信息遗漏。这就更需要说者在阐述问题时有逻辑、有层次，用听者已经掌握或易于理解的表述逻辑与方式把要沟通的内容精准地说给对方。

第三个 20%的信息衰减问题是能够有多少内容真正被听者吸收。这里有两个层次，一是听者听到的、说者传递的信息有多少，二是在明确听到了的内容中有多少被理解、领悟。那么怎么判断沟通后听者的理解是不是对的，如何确认听者领悟的内容与说者要传递的内容完全一致呢？这就需要听者按照说者的沟通逻辑来听，在说者没有表达清楚的地方要进行询问，再次沟通直到清楚为止，对于理解与领悟是否正确，也可通过提问、讨论、确认的方式进行核对，并且通过适当的方式实现听说双方予以确认。

第四个 20%的信息衰减问题是双方沟通的信息有多少能够落实到行动中。这是管理工作的核心诉求。工作中大部分的沟通都有明确清晰的绩效目标导向性，也就是说沟通的最终目标要落实到行动上，落实到实际工作的绩效上。企业经营效率与效益的表现是衡量沟通效果的唯一标准，这要求说者在传递信息时要有明确的行动。因此，我们在工作中应加强对管理事项的日常规范督查并制度化、常态化，及时发现问题、解决问题，使整个企业（组织）的工作向既定战略目标推进。同时，要求管理者督察督办、跟踪工作进程、合理监控工作进展、及时处理工作难点、提高管理工作质量、提升项目成功概率与绩效幅度。

第五个 20%的信息衰减问题是企业中的任何一项工作都是有周期的，往往也都是相互关联的。通常是经过了一个工作周期后，沟通双方对所沟通的内容都失去了应有的准确性，如在检查或考核时会出现不必要的管理问题；还有一种情况是所沟通的事情可能会关联曾经沟通过的内容，或因记不太清楚，或因眼下某些因素对之前的沟通内容进行了各自的解读，从而造成了新的沟通障碍。

以上仅为在沟通过程中因信息衰减造成的问题，而实际工作中因沟通产生的问题远比信息衰减复杂得多。但是，所有的沟通都必须尽可能实现信息在沟通双方甚至多方、多层级传递时不产生任何衰减。

仅仅是信息的衰减所造成的损失还是在可控范围内的，如果信息在传递过程中出现了层级间传播的偏差就不一定可控了。《战国策》中 "三人成虎" 的寓言就阐释了信息在传递过程中产生的偏差。在沟通时不仅仅要避免信息衰减，更要防范信息传递产生偏差。

## 三、别让沟通能力成为技能缺陷

进入职场后如何进行有效沟通，这个问题曾经困扰过笔者。笔者最早从事的职业是信息化咨询与管理咨询服务。众所周知，咨询这个职业对从业者的沟通能力要求极高，咨询顾问需要通过客户访谈、企业调研、业务调研等获取客户真实的经营状况，并对这些状况进行系统化的分析，从而与客户沟通并实现项目最终的目标。咨询服务在签订合同后，项目团队进入客户企业进行工作，这期间要进行若干次与企业的相关利益方的正式、非正式交流，项目团队经过多次会议讨论形成几套项目的解决策略，与客户进行初步的方案探讨，确定基础策略方向，再进行方案细化，最后经多轮项目汇报直至客户通过项目方案，这才算完成了项目的第一阶段。之后还要对企业实施方案进行辅导、修正，这期间要举行多次培训，解决若干难点问题，进行若干次变更调整，直至达成或超越最初的项目约定目标，才有希望获得续单，并期望客户对项目满意后将自己推荐给其他客户。

随着职务的提升，笔者需要并行管理多个项目，还要处理公司的各种事务性工作，参与公司相关的经营决策，这对沟通能力提出了更高的要求。笔者最初不善言谈更不善交际，到现在也没有多大改观，从不与客户攀关系，也不善于嘘寒问暖，经常是项目一结束就不再主动联系客户，与项目团队、公司同事也都限于普通的工作关系，很少参加各类团建，性子还有些急，从没耐心听言之无物的长论。笔者因沟通能力差就开会少发言、工作少汇报，但严重的问题是在与客户的沟通中经常出现把自己认为的当作客户的期望、领导的意图、下属的工作内容；因表达内容不完整、不充分、没层级，经常无法把自己要传递的信息表达出来，而又在之后的沟通中认为听者此前没有认真听自己的表述，经常打断其有些凌乱的反馈，但又不会合理引导听者表述其想法……林林总总的沟通困境几乎都碰到过。

为了提升沟通能力，笔者阅读了大量的关于沟通的书籍，参加了很多的相关培训。这些书籍和培训确实对沟通能力的提升有所助益，其方法要么强调倾听、同理心，要么强调观察体会沟通对象的情绪状况等，但这些在实际工作中确实太难做到了。比如，倾听对任何管理者都是一个挑战，面对众多的下属、应对多项并行的工作，还要拜访客户、进行部门间的协调等，在时间上就无法满足倾听的要求。很多时候，管理者做了很多铺垫，最后还不一定会表述真正要谈的事情。要用同理心来体会沟通对象的情绪就更难了，在实际工作中也难以有充足的时间来感受每个沟通对象的心理状况，应用一些心理学方面的技巧对沟通能力会有一些提升，但拥有同理心、深切体会沟通对象的情绪对于大多数职场人士来说是很难的。还有些提升沟通能力的培训把工作中的各个情景抽离出来，设置一个个特定的情景，针对这些情景设计出沟通技巧，这个方式一开始对笔者来说是最有效的，能开始掌握一些简单情景中的沟通，但这些仅仅是应对一些特定情景的简单技巧，并不能贯穿一个完整的工作进程，为保证工作的顺利进行，要与团队中的所有人进行多层级、多层次的交互，这些技巧就很难派上用场了。

因此，笔者把"为提升工作情景下的沟通能力找到一个相对通行的方法"，作为一个必须解决的课题来探索。

## 四、实际工作中的沟通都有约束条件

沟通在不同的背景中、对于不同的沟通对象、在不同的结果要求下，其方式、方法、目的及期望达成的结果和目标都会不一样。为了便于讨论及掌握沟通方法，就要对沟通的适用范围、应用情景、涉及对象等要素做个界定。在掌握基础方法后，再延展其在更大的范围内、针对不同的对象拓展使用。

（1）把沟通的应用情景设定为在日常工作中。

（2）沟通双方以管理者为说者，被管理者为听者，作为基准角色。

（3）在工作委任、承接、过程管理、达成结果及绩效考核这个完整的过程内，需要沟通双方前后连贯、多次持续交互地执行沟通，产生结果，并对结果予以考核激励。

这样的设定基本符合沟通双方的真实工作情景。这样的沟通就如同所有工作一样具有绩效目标导向性，必须围绕如何高效率完成工作、实现更高效益的绩效价值展开，沟通的信息内容不仅不能衰减，还必须可操作，约定好的资源和资金都要确保到位，约定的目标和激励要前后连贯、一致。沟通双方要注意以下几个方面。

### 1. 沟通是说者和听者的组合，沟通一定是在一对组合之间展开的

不能仅单方面要求听者去理解说者的意图，沟通双方需要共同提升沟通的能力，在一个完整的沟通过程中达成一致。

### 2. 在管理过程中，沟通通常是围绕如何解决某一个管理问题而展开的

在企业中，很多时候我们没有把沟通纳入系统的完整工作情景之中，而是就沟通本身而谈沟通，离开一个完整的工作情景，沟通的效果往往会被遗漏或曲解。

## 3. 沟通必然要形成某种决定，从而需要调动和配置企业相应的资金、资源等

沟通结束以后必然要形成一个双方或者多方都共同承认的协议，只有形成了这个协议才算完成了一次沟通，才是一次完整的沟通。如果没有达成协议，那么这次沟通不能被称为沟通。因此，沟通是否结束的标志是：双方是否达成了一个协议。在实际的工作过程中，经常是大家坐在一起沟通过了，但是最后没有形成一个明确的协议就各自去工作了。由于对沟通内容的理解不同，又没有达成协议，最终造成了工作效率的低下，双方甚至会增添矛盾。如果沟通双方达成协议后，管理者会在关键节点配备下属需要的资金和资源，以达到最佳的工作效果。

## 4. 对目标和计划的要求常常因竞争环境等变化而被改变或调整

在工作过程中，因为市场等变化，项目的某些指标和工作任务会出现变化，这时需要再次进行沟通，沟通双方就变化的内容和任务进行确认，沿着最后确定的方案继续工作，直到项目工作完成。

管理者与下属进行沟通后，要先将沟通双方形成的可

确定方案和关键时间节点记录下来，从而有利于下一步工作的开展和督导，便于事后追溯，还可消除信息孤岛，减少扯皮，责任分明，避免出现问题时沟通双方互相推诿，而不清楚到底是哪一方的责任。

从沟通的数据统计及工作中的实际经验可以得知，我们并不缺乏沟通意识，也有充足的沟通意愿，更不缺乏倾听、同理心这样的高阶沟通技巧，而是缺乏一个沟通系统的规范方法。如果企业内缺失统一的沟通机制，没有建立和培育起科学的沟通规则与沟通流程，沟通双方就根本不存在统一的沟通基准，各说各话不会产生理想的沟通效果。

## 第二节　什么是工作情景沟通 2131 法则

**工作情景沟通 2131 法则：遵循两个前提，坚持一个原则，把握"说—听—问"三个环节，作用于一个过程。**

高效沟通是提高企业组织运行效率的一个重要环节。实现管理沟通的规范化，也就是把高效、科学的沟通技巧和方法作为管理人员的一种具体管理行为规范，让每个管理者遵照执行。

要实现沟通的规范化，一定要解决以下三个方面的问题。

（1）高效沟通要从沟通的信息完整表达和无衰减入手。

（2）高效沟通必须把沟通的目标纳入实际的工作情景之中。

（3）高效沟通必须把沟通者和被沟通者看作一个整体，也就是沟通必须在一点两面或一点多面之间展开。

只有深刻明白以上三点，才能在沟通中减少信息衰减，使信息得以准确传递，同时将工作中的沟通纳入实际工作情景中来讨论，也就是工作沟通必须解决工作中的实际问题。

笔者基于多年的管理研究和咨询工作，分析和总结了众多企业中沟通不畅的问题，梳理出高效沟通的可操作、易提高的方法和技能，把它称之为触点沟通。在某项工作从承接到完成的过程中会形成一系列关键点和里程碑，每个关键点和里程碑的沟通交互点就是触点，触点沟通的原则就是工作情景沟通 2131 法则。

下面来介绍沟通 2131 法则具体指什么。

## 一、沟通 2131 法则之 2——两个前提：同一件事，统一评价标准

什么是同一件事，统一评价标准？简而言之就是一次只谈一件事，在统一这件事的评价标准下展开沟通。你可以同对方在一个时间段里谈两件乃至多件事，但是也要始

终遵循一次只谈一件事或者一个问题，双方经过沟通得出结论后，再谈下一件事或者下一个问题，直至所有的工作和事情谈完。这样每一件事都能产生结果，不会出现因为理解不同而导致结果偏差的情况。

在开始沟通之前，沟通双方要确定谈论的是否是同一件事，在同一件事的原则下统一双方的评价标准，否则要先把评价标准统一后再开展沟通。

## 二、沟通 2131 法则之 1—— 一个原则：支持工作目标的达成

无论沟通双方怎样沟通，始终要坚持一个原则：支持工作目标的达成。沟通双方在沟通的过程中常常会"跑偏"，导致谈论的目标没有达成，而谈论的时间已经结束了。因此，沟通双方一定要明确，所有的沟通内容都必须是围绕支持工作目标的达成而进行的。

## 三、沟通 2131 法则之 3——三个环节：说—听—问

大家都清楚，只要存在沟通，就可能会经历沟通的"说—听—问"环节，这三个环节就是沟通中最重要的，也是最需要学习和提高的。

可能很多人认为，说、听、问这么简单，我都会，怎么沟通的效果还是差强人意呢？确实，每个人都会说、听、问，但是你有没有说完整、说明白，听的人有没有听明白，问的问题是否正确，这其中的一个环节或者每个环节如果出现一点小小的偏差，结果就会出现很大的误差，最后可能得到沟通双方都不满意的结果，乃至影响项目工作的进度。

## 四、沟通 2131 法则之 1—— 一个过程：整体工作完成的过程

我们所说的整体工作的完成，不是指一个单次沟通的完成，而是指一项工作遵循两个前提，坚持一个原则，把握沟通中的"说—听—问"三个环节，不断变换沟通双方

的沟通内容，在达成协议后形成双方共同认可的备忘录，针对每个关键点进行沟通，不断螺旋运用沟通 2131 法则直到达到目标任务的终点。

衡量沟通效果有四个指标：方便性、及时性、有效性、可追溯性。工作情景沟通 2131 法则是一种以工作为主线的企业沟通方式，它很好地体现了实操的方便性、及时性、有效性与可追溯性。学习和熟练运用工作情景沟通 2131 法则，使沟通双方的沟通信息无衰减，沟通效果更高效。

在企业中，沟通是管理的基础，企业中几乎所有的工作都离不开沟通，都是通过沟通来实现的。沟通能力是管理者的基本素质，沟通是管理工作的基本内容。沟通是一种技能，是沟通者的知识、表达能力、行为能力的综合表现。无论是管理者还是普通员工，都是企业竞争力的核心要素，具有良好的沟通能力无疑是企业各项工作顺利进行的前提。

管理沟通串联工作过程中的各个环节，贯穿管理的整个系统。也就是说，管理的整个过程都是在管理者与下属的沟通和对话中完成的。沟通决定了管理的进程与管理的质量，决定了下属行为是朝良性还是恶性的方向发展。离开了沟通，管理者将无法管理下属。

管理中的沟通无论是上下级之间的沟通，还是同级之间的沟通，最终目的都是为了实现企业的经营目标，目标的实现又具有时效性，所以管理沟通在一开始就被规定了：管理沟通具有针对性与强烈的绩效性。因此，沟通一定要在遵循两个前提，坚持一个原则，把握"说—听—问"三个环节，作用于一个过程下进行。

# 沟通 2131 法则之 2——
# 遵循两个前提

沟通不同于聊天，聊天通常是一种随机的、无明确目标的闲谈。工作环境中的寒暄、打招呼、客套不必归入沟通之列。高层级领导向普通员工表现的平和、友善在大多数情况下也不必作为沟通，在此不做讨论了。

美国通用电气公司前 CEO 韦尔奇认为，沟通就是要求他人完成某事、相信某种理念，也经常诉诸激励。他所强调的就是沟通的目标导向性，企业所有的经营活动都应有绩效诉求，同时要求沟通必须具有高效性。

沟通是不同的行为主体通过各种载体实现信息的双向流动，形成行为主体的感知，以达成特定目标的行为过程。达成特定目标共同的行为约定是沟通的一个基本特征。沟通（Communication）一词起源于拉丁语"Communis"，意思是共同的、共享的。只有沟通双方进行了信息、思想、感情的传递和反馈，并就思想、目标、行动等信息达成一致，才算完成了一次沟通过程。如果没有达成一致，就是"沟"而不"通"，沟而不通可以称之为交流，但不能称之为有效沟通。只有形成一个双方或者多方共同承认的协议，才能称作一次沟通的完成。

但是，在实际工作中沟通常常因各种各样的原因没有真正完成"完整的行为过程"，使沟通变成了交流，没有形成有效的行动力，甚至还由此产生了许许多多的问题。

沟通 2131 法则设定了两个必须遵循的前提——同一件事（双方围绕同一件事开展沟通），统一评价标准（双方使用同一个标准），来完成一个完整的沟通过程。

# 第一节 两个前提之同一件事

既然是双方沟通，怎么可能不是围绕同一件事来沟通呢？但在实际生活与工作中，常常会发生沟通双方不是就同一件事进行沟通的。大家可以回想一下生活中是不是经常会有"原来你说的是这件事啊"的情景。这是因为说者说某一件事，而听者以为是另外一件事。或是说者正说着一件事，突然就转移话题成了另外一件事，而听者的思路没有跟上，还在上一件事中。还有的说者经常把好几件事搅在一起说，让听者根本找不到头绪。更多的时候，说者做了大量铺垫或阐述背景，二十分钟过去了，听者还不知道他来谈什么事，结果什么事情都没谈成就结束了。还有一些人是在沟通时啰唆了一大堆套话、空话。除了以上情况，在工作和生活中还会有一些更不易察觉地没有围绕同一件事开展沟通的情景。

# 一、沟通一件事时，引发了另外一件事

在新冠肺炎疫情给全球带来灾难之际，我们看到了很多因对某事的认识不同、沟通不畅而造成问题的各种可供分析的案例。根据下面这个案例，我们可以判断在工作中是否经常发生类似的情况。

## 案例：澳籍某女高管不遵守防疫措施事件

2020 年 3 月，北京市连续推出严格管控措施，广大入境进京人员主动配合，积极落实防控责任，但仍有个别人员拒不执行防控措施，造成疫情传播扩散的潜在风险。

2020 年 3 月 15 日 15 时许，北京市公安局朝阳分局接到某小区卫生防疫工作人员报警称：一女子拒不配合社区防疫工作。接报警后，呼家楼派出所民警立即赶赴现场开展工作。经核查，此女士系澳大利亚籍，就职于拜耳医药保健有限公司，2020 年 3 月 14 日由首都机场入境进京，工作居留许可有效期至 2020 年 9 月 5 日。按照北京抗疫时期的相关条例，外籍入境人员必须居家隔离。2020 年 3 月

15 日下午，本应在租住地居家观察的这位澳籍女士，未戴口罩在小区内跑步，社区卫生防疫工作人员发现后对其进行劝阻，但该女士情绪激动，拒不配合。民警到场后，对其进行了批评教育，要求其严格遵守疫情防控相关规定，她表示服从管理，未再外出。这位澳籍女士的行为在网上曝光后，引发社会关注，其所在公司对其做辞退处理。2020 年 3 月 18 日，北京市公安局出入境管理局依据《中华人民共和国出境入境管理法》第六十七条等规定，决定依法注销这位澳籍女士的工作类居留许可，限期离境。

**案例解析：**

这个案例是在已发生的事件中，因没有配合处理已发生的事情，由此引发了另外一件事。该澳籍女士不遵守疫情的防控管理条例，不戴口罩在社区跑步这件事，处理的方式应该是在社区防疫人员劝阻后，遵守条例并居家。但其拒不配合还辱骂闹事，由出门跑步转变成了态度恶劣地对抗防疫管理，触犯了《中华人民共和国出境入境管理法》，由批评教育转变成了限期离境。

该澳籍女士是没有意识到自己对应了两件事的处理规定——由不遵守疫情防控管理条例转为对抗疫情防控

管理条例。

在工作与生活中，由当下真正发生的事情触发了另外一件完全不同的事情的情况随处可见，但当事人却因为在事中很难觉察。如在家里因如何处理某事，夫妻双方因意见不统一，引发对方"翻旧账"，然后两人就开始围着"翻旧账"这一引发的新事情展开交锋，不再理会之前的那件事情了。在工作中经常会发生两个人因为当下一件事的交流触发了之前的一些事，于是双方或以态度，或以长期以来的工作表现，或以某一段时间的工作业绩表现，或以工作的行为作风，或以团队合作，或以某价值观等事项开始一个新的事件交流。至于当下那件事，早就被抛到一边了。

沟通一件事的时候，引发了另外一件事，这种情况在生活与工作中最为常见。并且往往是一旦引发了另外一件事，就开始了一个全新的沟通行为进程，可是双方几乎不会意识到沟通已经转移了"主题"。那么本来要讨论的这件事怎么可能被解决呢？由此引发了不必要的沟通障碍。

如何避免在沟通一件事时引发另外一件事？这是防止必须去解决因沟通引发的其他问题。

沟通时还会经常出现其他类型的沟通情况。我们先对常见情况做简单介绍，然后找出统一的解决方案。

## 二、几件事串在一起沟通

几件事交叉在一起混着沟通的情况比较普遍，但产生的原因比较多样，也会与一些说者的沟通习惯和沟通技巧有关。情商高的说者在沟通的时候，如果发现听者表现出不悦或者抵触情绪时，会适时停止讨论当下比较紧张的事情，而把话题转移到另外一个相对轻松的事情上。这是主动把另外一件事引入正在沟通的事情中来，作为避免沟通进入一个比较紧张的氛围，运用技巧缓解一下似乎是明智之举，如果在生活情景中建议用这种方式，但在工作情景下运用这类沟通方式并不是最理想的选择。原因一，工作与生活比起来没有那么大的柔性空间与情感诉求，工作情景下的企业文化、规章制度、绩效指标、行为规范、问题解决思路都与生活情景不一样。而企业中几乎所有的沟通都会有以上一种或几种穿插其中，优秀的企业是不会在这些方面打折扣的，并且一旦涉及，必然严守刚性的底线规定而没有余地。原因二，人的认知偏好要求沟通双方在出现争论时，不能转移话题舒缓沟通氛围，这会令听者认为所要争论的事情在说者看来并不是非常重要的，至少没有比引起他的情绪波动重要，不然为什么不讨论清楚而要转移话题呢？如果这件事在说者看来确实不重要，那就当是缓解气氛吧，反之一定要坚持。如果这次争论没达成共识，没关系，下次专门找时间继续讨论，该坚持的价值诉求就一定要坚持。这种情况还经常会出现在谈判中，特别是销售谈判中。就笔者的经验而言，与客户产生争论并不是坏事，如果你坚信能给客户带来价值，那就应该坚持，争论过后，理性的客户会更加信任你。

## 三、几种典型的沟通转移情况

第一种情况是本来有几件事需要沟通的，在一件事还没有走完沟通过程、双方还没达成共识时，就开始沟通另外一件事，形成几件事串在了一起。

第二种情况是在沟通时，说者突然想起了一件事或引发了另外的事，沟通双方就把几件事放在一起沟通。

第三种情况是说者在与听者沟通时，听者也有事情需要沟通，双方就把几件事串在一起沟通。

无论是哪种方式引起的两件事或几件事串在一起沟通，沟通的效果一定不会好。正确的做法是一定要将一件事走完沟通过程，沟通双方达成了共识、形成约定后，再开始对另一件事进行沟通，即使另一件事更为重要，除非你认为正在沟通的事情可以放弃，否则还是一件一件完成沟通过程。需要提醒的是，同一时段内沟通的事情通常不要超过三件，这与听者的精力集中度有关，事情多了就没有重点，也不利于事后的落实与追踪考核。

在沟通时还会经常碰到双方寒暄的情况，一会说这个，一会又说那个，但就不针对任何问题展开交流，好像是来串门的不是来谈事的。还有的情况是两个人交流了一阵子，突然发现谈的不是一回事，这时需要打断沟通进程，重新确认一下需要交流的事项。

还有一种沟通转移情况是刚刚就一件事沟通完，并且达成了共识，突然发现情况有变化，需要调整沟通的内容与达成的共识。这时沟通的就不是刚才沟通的事情了，而要进行变更沟通，重新形成共识。

这些都是沟通中常见的主体事件不明确或偏离的情况。一旦沟通双方出现了对事项认知的偏差，之后的沟通效果一定不会好。因此，沟通 2131 法则要求沟通双方首先明确需要沟通的具体事项是什么。

## 四、如何确保沟通是围绕同一件事展开的

### 1．确保沟通双方始终围绕同一件事进行沟通的原则

（1）在沟通开始时，沟通发起者（说者）先向被沟通者（听者）明确说明就哪件事与其进行沟通。如果有几件事要交流，也要明确说明要沟通交流哪几件事，并且在沟通完一件事时，与听者确认沟通的结果，然后明确说明开始沟通第二件事，以此梯次推进。再次提醒，同一时段内的沟通事项最多不要超过三件。

（2）保障完成一次完整沟通的过程，从信息组织、信息传递、信息确认，到形成共识并确认共识。在这个沟通

进程中，尽量避免无关信息干扰，避免岔开话题。

确保围绕同一件事进行沟通，没有什么技巧，也没有什么难度，需要的就是开门见山！要求沟通发起者一开始就明确要沟通的事项，并时刻保持清醒。在沟通过程中加强管理，可能需要改变一些原有的沟通习惯。每个沟通个体的知识结构、工作经验、理解事物的能力，以及对所沟通事情的了解都或多或少的存在差异，这些也从客观上要求说者不能随意岔开话题，或者跳转到另一件事上。

**2．确保沟通双方始终围绕同一件事进行沟通的注意事项**

（1）沟通开始前，直接与听者清楚表述就哪一件事进行沟通。

（2）如果在沟通过程中引发了另外一件事或几件事，合理的方式是将之记下来，先把正在沟通的事的过程走完。

（3）如要同时沟通几件事，原则是一次最多三件，并且要一件一件走完沟通过程，不要穿插着进行沟通。

（4）养成不做铺垫的沟通习惯，要直接打断沟通者的铺垫式话题，让双方直奔沟通主题。

## 五、沟通时先明确沟通事项的好处

沟通时应先界定需要沟通的事项，这样做有一些比较明显的好处。

（1）直面问题：任何问题的解决都要从直面问题入手，不回避、不找借口，迎着困难才能有效解决问题。

（2）引起重视：加强沟通双方的重视程度，快速进入沟通状态。

（3）提升效率：明确沟通事项，集中注意力，快速进入沟通状态，有利于提升沟通效率。

先明确沟通的事项还会约束沟通发起者，促使其对需要沟通的事情提前梳理，减少随机沟通。管理者在部门内部推进明确沟通，可以在部门内部形成良好的直面问题的工作氛围，提升部门内部解决问题的效率。如果董事长、CEO 在企业中全面推进明确沟通的方式，企业绩效增长必然可观。

## 第二节　两个前提之统一评价标准

　　男士可能都有机会面对这一千古难题——女朋友或爱人可能会问"我和你妈同时掉进河里，你先救谁"的问题。这个问题无论怎么回答都会被质疑，回答先救妈吧，说你不爱她；回答先救她吧，说你不孝顺。以爱情为标准，她以人性为标准回复你；以人性为标准，她拿爱情说事。无论回答如何幽默、机智，都很难令对方满意。

　　要破解这个千古难题，如果没有与对方女士用同一个评判标准，永远无解。我们设想一下，如果反过来问女士这个问题：女士与女士的妈一同掉河里，先救谁。可能回答就会达成一致——先救妈。这个一致的决策是女士与男士共同用了伦理人性这一标准做出的决定。

　　在上一个案例中，澳籍女士不服从管理、不配合隔离防疫措施还不戴口罩在小区跑步，她认为隔离妨碍了她的人身自由，接着又以外籍人士自认为可享有法外特权辱骂工作人员。她以自己认为的一套标准来处理面对的事情，而我们的警察和相关管理机构依据防疫期间的管理条例及外籍人士管理办法等评判标准，对其做出限期离境等相关处罚。

## 一、工作中的标准问题

工作中有不少沟通问题的产生都不是缺乏沟通技能、不具备沟通意愿造成的，而恰恰是因沟通双方对同一件事的定性不一致、评判标准不一致而造成的。

### 案例：咨询公司合伙人与助理的分歧

王强是某咨询公司营销事业部的合伙人，经常参加各种商业会议论坛做嘉宾发言而且反响不错。王强因公司事务繁忙，聘请了一名专职助理刘芳，由刘芳将论坛上互换的名片归类整理，然后一一进行电话回访，寻找进一步合作的对象。刘芳在一次电话沟通时，客户咨询人力资源绩效服务，她就把这个客户介绍给了公司人力资源方面的合伙人李东。李东经过与客户几次接触，就与客户签约了，然后根据行业惯例给了刘芳一定比例的酬劳。

王强知道这件事之后，找刘芳谈了两个方面：一是当刘芳在打电话过程中发现了客户的其他需求，应该先告诉他，由他来决定转交给哪位专家去对接；二是刘芳收到李东支付的项目酬劳后，应该第一时间把这笔钱交给他，而不是私自据为己有。

刘芳也毫不示弱：她认为她完成了王强交给的所有客户的电话回访工作，也把有营销需求的客户全部落实提供给了王强，完成了与王强约定的考核。另外，这个人力资源的需求是她在与客户沟通的过程中挖掘出来的，至于把这个信息介绍给谁可以由她自己来决定，与王强没有关系，那么李东给的项目酬劳自然就与王强没有任何关系。更何况王强在事前并没有和刘芳约定在与客户电话交流时产生的其他需求应该如何处理，所以王强不能怪她将额外的客户需求介绍给李东及拿了酬劳。

王强与刘芳无论怎么沟通交流，始终无法达成一致意见。这里不讨论谁对谁错，也不用关心王强和刘芳的后续。在此探讨王强与刘芳的沟通无法达成共识的核心是什么？显然，王强与刘芳对这件事都是从各自立场来看的，用了各自的标准来评判这件事的处理方式，都认为自己是对的。可见在沟通时，由于看问题的角度不同、所持的立场不同，所用的对同一件事的评判标准自然就不同。一旦评判标准不同，沟通双方无论如何沟通都很难达成共识。

有兴趣的读者可以从王强的角度来分析他看问题的角度、立场及评判标准，再从刘芳的角度分析她看问题的角度、立场与评判标准。通过对双方的分析，可以设计几种对这件事的解决方案。

### 案例：乔布斯回归苹果——通过设立产品选型标准扭转苹果颓势

乔布斯于 1997 年回归了他离开十二年的苹果公司，出任首席战略官。面对苹果公司混乱无章的产品组合，乔布斯认为这些产品太差劲了，完全没有吸引力，要求公司大刀阔斧地重整产品规划。虽然在几个星期中精简了产品线的 70%，但乔布斯还是认为产品太多了。在一次大型产品战略会议上，他抓起记号笔，走向白板，在上面画了一根横线和一根竖线，形成了一个方形的四格表，在横线的两端写上"消费级"和"专业级"，在竖线的两端写上"台式"和"便携"（见图 2-1）。乔布斯称，苹果公司的工作就是做出这四类产品。虽然苹果公司的董事会从来没有投票赞成这个新的产品战略，但乔布斯还是坚持以此为标准，对苹果公司的产品进行精简聚焦开发。

便携

iBook                  Power Book G3

消费级 ———————————————— 专业级

iMac                   Power Macintosh G3

台式

图 2-1　乔布斯规划的苹果公司产品选型标准

有了这个矩阵框架后，苹果公司的产品精简、开发方向和要求就有了标准。围绕此标准进行的产品开发一举扭转了苹果公司的亏损，使苹果公司有了再次崛起并革新移动音乐播放器和智能移动电话的机会。可以说，如果没有乔布斯为苹果公司做出的产品战略精简与产品发展设定的标准，就不会出现苹果公司后来引领 3G 移动时代的局面。以此为标准，苹果公司开发出专业级台式计算机

Power Macintosh G3、专业级便携计算机 Power Book G3，消费级台式计算机发展成了 iMac，消费级便携计算机发展成了 iBook。

## 二、管理就是不断建立规则与标准的过程

《孙子兵法》在开篇就谈到决定国之大事的兵者，强弱有五事：道、天、地、将、法。法者，曲制、官道、主用也：曲制，指军队的组织、编制制度；官道，指将吏的任用、分工、管理制度；主用，指军费、军需等方面的制度。任何有战斗力的组织和队伍，制度与纪律的坚决贯彻执行都是其战斗力的保证。

笔者在创业起始阶段跟着几个朋友一起合作开发软件，因为权责分配、收益分配没有明确的制度，导致后来一两个人因产生分歧而离开，慢慢散伙了。笔者单干之后，发现公司水平的提升就是不断提升自己的底线标准的过程，没有底线标准的持续提升，公司是不会提升一个台阶从而继续发展的。正如张瑞敏在海尔的发展中体悟出了"海尔发展定律"的"斜坡球体论"：企业在市场上所处的位置就如同斜坡上

的一个球体，它受到来自市场竞争和内部员工惰性而形成的压力，如果没有止动力，就会下滑。为使企业在斜坡（市场）上的位置保持不下滑，需要止动力——基础管理。

优秀的组织和企业都是优秀人才聚集的地方，同样也是要求更高、考核更严的地方。从人才招聘的选拔开始就设定严苛的标准，企业的组织、流程、操作规范、绩效考核等都有一系列的规范标准机制。从乌合之众到不败之师，组织之所以能够伟大，其根本原因不外乎机制建设。古今中外卓越的领袖们皆精于此，如任正非组织编写的《华为基本法》及之后华为引进消化的各种管理体系，又如近两年颇为流行的《阿里三板斧》，从中可见企业家对组织机制的重视。

著名管理大师彼得·德鲁克说："管理者之所以为管理者，正是由于他拥有**特殊的地位和知识**，所以人们期待他能做出对整个组织、绩效和成果有特殊影响的决策。"那么，**"特殊的地位和知识"到底包括什么？意味着什么？换句话说：管理者运用什么行使管理职能。**笔者认为管理者特殊的地位与知识主要表现在以下四个方面。

（1）管理者拥有依据企业制度对其下属行使管理的权利。

（2）管理者拥有企业赋予的其职权范围内对企业资源的配置权。

（3）管理者拥有将自己的知识经验与他人的分享权与指导权。

（4）管理者拥有对其下属行为及结果的督导权与考核权。

以上四个方面中，（1）（2）（4）直接与企业的机制和制度有关，管理者正是凭借企业所赋予的这些机制权限才得以行使其管理职责。

组织已经形成的成文的机制与制度是沟通双方做基础沟通时必须遵循的标准。

## 三、沟通标准的类型

在企业管理沟通中遵循的标准通常分为两大类：企业已经成文的既定标准和经营过程中约定的标准。

## 1. 既定标准

既定标准是指企业已经通过制度明示的标准或者约定俗成的标准，如企业的管理规章制度、文化规范、战略、目标、计划、国家法律法规、道德规范等。

对于企业来说，各项管理制度就是企业员工的行为准则。没有经企业制度规范的但依据企业文化或企业战略远见提出的标准，也是企业管理中目标方向、行为规范的基本准则。但在企业实际运营中，很多员工不清楚企业的一些操作规范与制度，甚至很多中高层管理人员认真阅读过企业相关制度的也不多。笔者做咨询顾问期间，给客户企业的管理层讲管理能力提升的课程时，时不时会现场问询，是否认真通读过企业的相关规定，通读过的管理者鲜有超过 30%的。如果不通晓企业战略目标、文化、文件及相关制度，在日常管理中如何行使管理行为呢？管理者对此的回答往往五花八门。

每个企业都要实行一系列标准化的管理，如标准化安全生产、标准化流程、标准化管理、标准化施工。无论事情的大小和工作的多少都要有工作标准，每个人的每一步工作都符合工作标准，才能生产保质保量的产品。标准实施了，管理才能执行好。这些标准也是管理者对下属的管理是否执行到位的标准。

在业务运营中，也应"计划有标准、考核有标准、奖惩有标准"。没有计划的管理必然失控，执行到位必定是一句空话，结果往往是"脚踩西瓜皮——滑到哪是哪"。考核与奖惩只要有了标准，在制度明确、责任明确下才能做到公平公正，才能建立起一支"打不垮、拖不烂"的铁军。

## 2．约定标准

在企业运营中除通过文件固化的既定标准之外，还有大量的约定标准。这些约定标准是企业与管理者、管理者与项目团队、下属成员之间经过协商约定的标准，通常在一定时期内保持稳定，大多数为通过经营目标责任书、项目责任书、KPI 或 OKR 的目标约定、个人的绩效指标等指标类约定。这些指标类约定通常还会有相应的年度（半年度）经营计划、项目计划、个人工作计划等作为补充。

在管理运营中的约定标准，通常是双方经过协商约定的，双方都认可的。那么一定要用正式的责任书的形式，把内容、计划与相应的指标以正式文件或电子邮件等方式确认备案，作为以后实施推进与考核奖惩的标准。

如果在实施过程中，因不可控因素的影响，双方都同意变动计划与目标，一定要根据再次协商后确认的计划与目标进行变动备案，同时废止之前的计划与目标，再配置资源、检查进度与考核目标达成状况，以及在最后奖惩时根据变动后的备案标准实施。

在实际管理中，约定标准易犯以下三种错误。

（1）没有约定标准。无标准就无考核，无考核就无结果。因此在没有标准的时候，在双方沟通的开始就要事先确定一个标准，沟通完成后，双方就这个标准来确定资源支持和考核激励。

（2）无协商或随意改变标准。很多管理者在管理下属的时候经常会犯这样的错误：本身是有标准的，但是一旦下属做得好了，管理者的判断标准就随之提升了。这种做法会大大降低下属工作的积极性。因此，一定要事先确定标准，而且将确定的标准备案，确保管理者和下属双方都清楚标准是什么。

（3）有约定标准但双方未确认。有约定标准但双方未确认通常会出现以下几种情况：一是企业管理者没有确定标准，下属以为管理者已经确认了；二是下属没有清楚管理者的标准，但管理者以为下属已经确定标准了；三是管理者和下属双方都没有确定标准，但双方都以为对方知道并明确了标准。

出现以上几种情况时，在实际工作中，工作方向、资源的配置保障、结果考核指标、激励幅度方面都可能出现较大的偏差。

如果没有事先约定标准，在实际工作中，每个人都会选择对自己最有利的标准，而这个标准通常是一个比较下限的标准，对结果的激励会倾向相对上限的奖励。如果事先没有对标准进行约定，资源配置、考核激励是无法正常进行的。

因此，企业标准一定要事先约定并备案，以免双方扯皮或牵扯更多的时间和精力。

此外，企业设定的标准中还应包括**战略性或洞见式标准**，设定这样的标准通常是在讨论企业重大战略问题或面临重大战略转折点时，因为影响重大、不确定因素太多或对现有利益相关者冲击较大，往往需要具有战略远见的领袖在纷繁混乱的信息中给出一个清晰的价值取向或者标准框架，在这个价值取向与标准框架下进行分析决策。如前文提到的乔布斯对苹果产品线优化的标准就属这类标准；《华为基本法》所设定的战略主航道对于华为业务边界约束也属于战略性标准。很多企业的愿景或者追求的价值主张也可作为评判标准。

## 四、运用统一的沟通标准的注意事项

在运用统一的沟通标准时需要注意的是，使用规范的管理工具与语言体系。对于规范，已经有大量现有的工具可供选择。如项目管理、OKR 方法等。目标考核也最好遵循 SMART 原则，要求目标应满足五个标准——具体（Specific）、可衡量（Measurable）、可达成（Achievable）、相关（Relevant）、有时限（Time bound）。

无论是既定标准还是约定标准，一定不能随意解读，更不能单方面私自修改。即使发现了不合理之处，也要根据之前的标准实施，除非由突发的不可抗力造成环境突变，否则不应轻易调整标准。所有标准的约定可以是民主的、柔性的，但执行的时候一定是专制的、刚性的。

需要强调的是，管理一定要有依据。所有的依据的基础就是企业赋予的在自己权限范围内的既定标准与约定标准的管理权，在权限范围内的资源配置权，以及对下属的考核权与督导权。

正如本书序言中所谈的，所有的管理都是通过管理沟通这一形式开展的。沟通开始前，要遵循两个前提：要与被沟通者就哪一件事展开沟通，所沟通的事项要用什么标准进行评判。

笔者就是依据不断调整的小清单来提升沟通能力的，经验就是"凡事都要做案头工作"。一个简单的小清单有助于在沟通开始前做简单梳理。每次沟通前的梳理，会对沟通效果产生很大的改善。如果您愿意，也希望您能经常做案头工作。

### 1．沟通事项清单

（1）管理者与下属沟通（找人沟通时怎么办）的清单。

➢ 谈什么事情？谈几件事？

➢ 这件事有没有标准？没有标准首先要与下属确认标准。

➢ 进入工作沟通过程。

（2）下属如何与管理者（上级领导）沟通的清单。

➢ 确定管理者与你谈什么事情。

➢ 这件事以前是否有标准？有，按原来的标准；没有，问对方以什么标准来沟通，或者由沟通双方协商标准。

➢ 确定标准。

➢ 进入工作沟通过程。

## 2. 沟通标准清单

➢ 确定工作事件或项目。

➢ 设定标准。

➢ 是否确认及确认方式。

> 存档：以纸质文档或电子文档的形式备案项目工作。

> 变更文档：变更哪件事，变更内容，评判标准，确认变更，修改存档。

标准清单表如表 2-1 所示。

表 2-1　标准清单表

| 标准清单 | | |
|---|---|---|
| 你的角色 | | |
| 管理者 | | |
| 普通员工（被管理者） | | |
| 标准要点 | | |
| 工作项目 | | |
| 项目标准 | | |
| 确认标准及确认方式 | 方式一 | |
| | 方式二 | |
| | 方式三 | |
| 项目档案 | | |
| 项目存档 | | |
| 纸质文档 | | |
| 电子文档 | | |
| 项目备案 | | |
| 其他确认方式 | | |
| 项目变更 | | |
| 变更类别1 | | |
| 变更类别2 | | |
| 变更类别3 | | |
| 变更文档 | | |
| 纸质文档 | | |
| 电子文档 | | |
| 项目备案 | | |
| 其他确认方式 | | |

## 3. 变更文档

变更文档表如表 2-2 所示。

表 2-2 变更文档表

| 变更文档 | | | |
|---|---|---|---|
| 文档信息 | | | |
| 编写者 | | 编写日期 | |
| 审核者 | | 审核日期 | |
| 批准者 | | 批准日期 | |
| 变更记录 | | | |
| 日期 | 作者 | 版本 | 变更说明 |
| | | | |
| | | | |
| 变更内容 | | | |
| | | | |
| 变更审阅 | | | |
| 日期 | 审阅者 | 意见 | |
| | | | |
| | | | |
| | | | |

CHAPTER 3 第三章

# 沟通 2131 法则之 1——
# 坚持一个原则

进行一次沟通时，必须遵循两个前提：**同一件事**与**统一评价标准**。本章我们把关注点集中到在沟通过程中要"坚持一个原则"。

任何一次沟通都是为了一个明确的目标，如果没有目标明确的沟通，其沟通的效果是无从谈起的，多沦为闲聊。实现沟通目标的效率如何、效果怎样，在沟通时必须考虑其有效性。

沟通的有效性并不仅限于实现沟通中的信息交换，

只要沟通双方达成了共识就是一次有效的沟通。在企业管理中评判任何沟通的有效性，其标准应该是是否创造了价值，是否为企业创造了业绩，或者是否为创造业绩贡献了价值。

因此，需要强调的是：沟通要坚持的一个原则即沟通为创造工作绩效提供了多少实实在在的支持。

# 第一节　好的沟通氛围≠好的沟通效果

　　注重倾听、具有同理心的管理者可以给下属一个相对宽松的沟通氛围，但并不等同于这样的管理者能够创造出更高的业绩，团队氛围也未必比不强调同理心和倾听的管理者更好些。管理者更需要关注的是如何支持下属的发展和成长，对其工作予以切实有效的指导与资源的配置保障，对做出成绩的下属给予更多的、更好的发挥空间，以及提出更高的要求，也只有如此才能发现、激励优秀的人才，打造高效率的团队。军队的士气来自不断胜利的战斗，《韩非子·显学》就提出了"宰相必起于州部，猛将必发于卒伍"，意思是：宰相与猛将们都是靠着政绩与军功一步一步拼杀起来的，反而是那些要求严格的领导能创造出更优秀的业绩。

　　在本书第二章中提到的乔布斯就是一个典型的非友好交流式企业家，但苹果公司的员工却把乔布斯的话当作准则。网上调查显示，甚至有苹果公司员工在心目中对乔布斯的满意度为 99%。流传甚广的说法是乔布斯对自我与员工都高度严厉，并创造了一个名词叫作"现实扭曲力场"。乔布斯一点都不吝啬在员工面前提高声调甚至斥责他们。但乔布斯就是这样一个典型的"北极星"企业家，他不仅能为优秀的设计师、软件人员、硬件工程师等无数超级有才华的人提出明确的方向与具体要求，还能为他们提供超越想象的施展才华的空间。虽然一贯秉承"现实扭曲力场"，但乔布斯带领苹果公司创造出了一个个伟大的产品，造就了科技企业界的"苹果奇迹"。

慈不掌兵。网上相关文章枚举了诸多我们耳熟能详的优秀企业家。如马云在 2011 年 8 月 29 日内部邮件中，非常直接地批评了部分新员工的浮躁态度，警告入职不到一年的人：谁提战略谁走人！任正非对刚进华为的新员工说"进了华为就是进了坟墓""你最近进步很大，从很差到比较差"。张瑞敏说过"伟人首先是'恶人'"，广为流传的海尔管理经验就是由一个个"恶人"的管理小故事串联而成的。

许多伟大的政治领袖、企业家的成长历程中，鲜有抱有同理心、特别有耐心的交流记录，大多是直接处理各种冲突、严厉斥责，令下属们敬畏的。

我们学习沟通与交流，应该更多地向成功的政治领袖与企业家学习，看看他们如此似乎有悖沟通理论书籍和培训内容的作风，为什么却成就了伟业呢？

由此，我们发现用心倾听、富有同理心、创造一个良好的沟通氛围等并不是做好沟通的充分条件，甚至不完全是必要条件。即使在同理心与倾听的这些层面上做得不够好，也可以实现有价值的沟通，问题的关键在于我们要找到实现更好结果的沟通的内在驱动要素，并且这些驱动要素应尽量避免对于个人能力的依赖，可在全体系的组织层面上得以推广。

## 一、达成工作绩效需要什么样的条件

在本章的开始就强调了沟通的有效性是创造工作绩效价值贡献度的高低。在探讨沟通有效性之前，有必要简单分析一下达成工作绩效所需要的条件。

任何企业的所有管理行为都应围绕实现企业的战略目标而开展，企业中的沟通自然也是为战略目标的实现而服

务的，更具体地说就是围绕工作绩效改进而开展的。早在
20 世纪 60 年代，经科学管理浪潮洗礼的欧美发达国家发
起了工作绩效改进研究热潮，出现了很多对工作绩效问题
进行系统分析的理论和模型，其中比较有影响力的有托马
斯·吉尔伯特（Thomas F.Gilbert）的行为工程模型（见
图 3-1）。

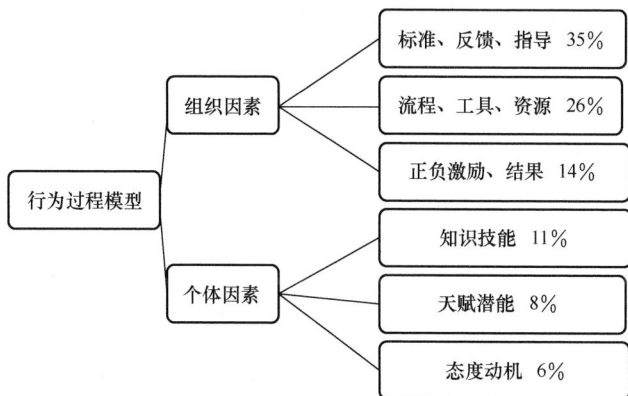

图 3-1　托马斯·吉尔伯特（Thomas F.Gilbert）的行为工程模型

在如图 3-1 所示的模型中，吉尔伯特把影响工作绩效
的因素分为组织因素和个体因素两个部分。其中，组织因
素的影响占比高达 75%，为主要决定因素，其包含三个二
级因素；个体因素的影响占比仅为 25%，为次要决定因
素，其也包含三个二级因素。从模型中我们可以看到，决

定一个员工工作绩效的关键是组织因素：组织因素中与管理者行为直接相关的标准、反馈、指导（占 35%）和正负激励、结果（占 14%），与组织资源有关系的是流程、工具、资源（占 26%），而资源绝大多数是由直接领导配置的。我们一向认为影响很大的"态度动机"仅占比 6%，是六个二级因素中占比最小的一个。

根据托马斯·吉尔伯特的行为工程模型的数据，与我们通常认为的个人在组织中工作绩效的决定因素为个体是有出入的。要提升员工的工作绩效表现，影响最大的是其直接管理者的指导、反馈与激励等能力，然后是员工在实现价值方面是否有充足的资源保障。这些组织因素是员工发挥其能动性、创造性的土壤。当然也会有一些天才型的个别员工，在组织环境不利的条件下依然取得了超乎想象的工作绩效成果，但笔者强调这是一种例外，企业的发展不能寄托在"例外"上，而是要创建一个稳定的组织机能，让绝大多数的合格员工一样能创造出优秀的业绩。因此我们在沟通时，要先从组织因素来思考如何提升沟通的有效性。

需要说明的是，本书是从管理者的视角，分析如何创造出更好的工作绩效的沟通方法，这个方法一样适用于非管理者角色，为了表述方便还是以管理者的视角叙述。

## 二、工作沟通的需求与期望

本书的讨论范围界定为工作情景中的沟通。为了便于讨论，将管理者与下属之间的沟通作为基础设定。管理者与下属是在企业环境中具有独立人格的自然人，强调独立人格是设定他们都具有一个独立自然人的普遍需求。

在沟通中，作为管理者有很多需求与期望：布置工作任务时只说一次，最好用简单的一句话让下属心领神会；下属会提前主动汇报工作完成状况，并且完成结果总是超越目标期望；工作指导一点就透，并且可以举一反三；下属对自己的态度与言语恭敬、汇报内容清晰简洁等。

下属对与上级的沟通又会有哪些需求与期望：上级布置工作时能够清楚地表述需要完成的工作内容、需要达成的结果、完成的时间，并给予我足够的权限和资源；布置任务后能实时关注工作进程，并在我碰到困难时能及时指导或协助解决困难；工作没有按目标达成时不要斥责，能心平气和地讨论哪些地方出了问题，并指导我下次碰到类似的问题时应怎么避免，这次不足就算成长中的积累，并鼓励我不要灰心，下次一定会更好；上级能照顾我的面子，批评时能单独把我叫到办公室并且点到为止，表扬时能当着所有人的面表扬；谈论问题时温文儒雅，在我不明白、不会做的时候不急眼不发火。

每个沟通者在不同的沟通情景下会有各自不同的需求与期望。要在沟通中判断对方的情绪状态、内心感受，然后不动声色地立刻做出合适的应对，还能同时兼顾工作的目标任务。这太难了！

为便于分析，我们把需求归纳为两大类——工作需求与情感需求，工作中的沟通必须完成相应的绩效目标，而作为具有独立人格的个人都会有一定的情感需要。如图 3-2 所示，画一个横轴表示沟通者的情感需求，画一个纵轴表示需要完成的绩效目标的工作需求。管理者在沟通时如果既能照顾到下属的情感需求，又能对其工作有所支持是比较理想的沟通，也就是沟通状态位于象限的右上角区域。

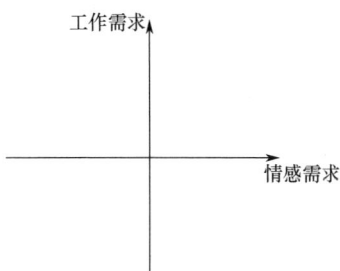

图 3-2 沟通者的情感需求与工作需求

最糟糕的沟通状态就是处在象限的左下角区域，既没有考虑情感需求，又没有任何对工作的支持。这类沟通在工作中还比较常见，那些只要结果不问过程的强势管理者的沟通状态往往处于这个区域。

位于左上角区域与右下角区域的两种沟通状况，我们通常认为管理者照顾了下属的情感需求，或提供了工作支持，也能算得上一次不算差的沟通，下属在被满足情感需求或工作需求之后，也可能取得不错的工作绩效。

## 三、优秀的企业家为员工提供哪些需求

大卫·B.尤费与迈克尔·A.库苏马罗合著的《战略思

维》中提到：Windows 95 的测试经理描述比尔·盖茨是"一个疯子"，并称："比尔对于产品的掌握程度比我们任何人都多，跟他开会，出来的时候只会流汗，因为如果有任何瑕疵的话，他会立刻抨击并且挑剔到骨头里。"

很多文章都提到了比尔·盖茨在沟通时的抨击与挑剔。曾任微软亚洲董事长的张亚勤在谈到他的导师比尔·盖茨时是这么说的：盖茨是微软的灵魂人物和大家长，也是我的朋友。我们在很多问题上都有过争论和探讨，有的时候能达成共识，当然也有出现分歧的时候。他是我的"导师"，除了日常工作之外，我们每个月都单独会面，所以我对他的印象很深刻。每次与他聊天或开会，我都会感觉到受益匪浅并特别愉快，因为这是一种智慧的碰撞，盖茨希望和别人有思想的碰撞，希望彼此有不同的观点。

微软投入的每一个大项目都是持续很多代之后才真正在市场上获得认可并最终取得较高的市场地位的。从 1985 年推出第一版 Windows 开始，直到 1990 年的 Windows 3.0 才获得市场认可，真正得以巩固市场地位的是 1995 年的 Windows 95。微软几乎每一个成功的项目都是持续了很多年的——投入浏览器、Office、Xbox 等。张亚勤参与创建的微软亚洲研究院从 1999 年至今持续不断地加大投入，从全球招募最优秀的华人科学家并为其提供最好的研究环境与待遇等，在研究院发展的同时也为我国科技发展做出了贡献，如培养了阿里巴巴的王坚博士、张宏江博士等众多优秀的科学家。

关于华为的书与文章中，都有任正非在沟通时很严苛的描述。任正非在接受采访时曾表示：我骂谁是对谁爱，不爱他骂他干啥；我们不能以表扬为主，我们是要矫正他做的不正确的地方，使他往正确的路上走。任正非不拘一格启用优秀人才，基于超预算的战略支持更是业内闻名的。从任用天才少年李一男，到任用余承东，再到为了发展终端业务调整荣耀的组织体系，给荣耀更大的编制自由、激励自由等组织层面的支持。海思芯片现在已经跻身全球芯片制造排行前十名。其实，华为的芯片事业开始于 1991 年的华为集成电路设计中心；1993 年成立了专门负责专用集成电路芯片技术的研发队伍；1993 年年底，华为推出了第一款芯片——用于 C&C08 交换机的 ASIC 芯片；1995 年中研部成立，后升级为基础研究部，负责华为的芯片设计。随后，华为一直大力投入 ASIC 芯片设计，直到 2004 年后开始独立运作，改为华为控股的海思半导体。网上一直流传任正非对海思总裁何庭波说的话——"给你 2 万人，每年 4 亿美元的研发经费，一定要站起来"。此话无论真假，华为对海思近 30 年来的持续大规模投入与对其管理者的支持是有目共睹的。

马云是公认的沟通能力超强的企业家。马云也称超级沟通能力成就了他。下属找他沟通时要带着问题和方案来，带着结果走。阿里巴巴对工作绩效的考核是非常严格的，对违反商业规则的员工也是从严处理的，但马云对未来项目的投入和支持确实极具远见。中国工程院院士、阿里云创始人王坚博士在接受央视访谈时谈云计算概念，他称完成计算系统是一个非常艰苦和漫长的过程，从思想的雏形一直到最后成熟，差不多花了五年时间，而前两年谁也不知道将来会是怎样的。所以有一段时间，王坚博士是颇具争议的，因为研发的每个环节都是没有依据的。阿里巴巴对阿里云计算投入几十亿元，并用十余年的时间换来了全球第三、亚洲第一的云计算平台。马云认为，领导就是要比下属有眼光、胸怀、实力。

优秀的企业猛将如云、群星荟萃，简直就是优秀企业经理人的集群，总是能出现一个个独当一面、创造出优秀业绩的领军人物。从这些领军人物的成长历程来看，他们都一路攻难克坚、摸爬滚打并几经磨砺，在创造优秀业绩的同时离不开其上级领导给予的教导与支持。企业家应给优秀人才提供机会、持续支持，共渡发展过程中的一个个难关。

# 第二节 坚持一个原则：基于工作需求提供实实在在的支持与协助

## 一、走不出办公室的管理者

在笔者近 15 年咨询顾问的生涯中，经常会碰到以下两类管理者。

管理者 A：要求严格，只看结果，不问过程。下属在工作中碰到问题时，从不给予有效的支持，经常说"我不管你用什么方式，我只看结果"。慢慢地，下属在工作过程中遇到问题也不会去找他寻求指导与支持，他与下属的交流只有分派工作与查看结果。这类管理者的下属通常在刚开始时业绩还不错，一段时间之后就没有什么进展了，与管理者也没有什么交流，通常在办公区内各忙各的，很少有交集，下属离职率较高。

管理者 B：很关心下属、平易近人、嘘寒问暖，体谅下属的辛苦。下属在工作中碰到困难或受到委屈时常常给以安慰，但很少在工作中给下属切实的指导及协助解决困难。慢慢地，下属在碰到问题时也很少和他交流，对管理者的关心也仅是反馈礼貌性的微笑，除了保持一些礼节式的交流之外，大多时候也都在办公区里各忙各的。

这两类管理者的问题都是没有在与下属沟通过程中提供切实有效的工作上的支持与协助，长此以往双方必然会减少沟通次数。

## 二、沟通是为了创造更好的绩效

在工作中，无论何种沟通，目标都是创造出更好的绩效。无论是问题的解决，还是一次协作的确认，对一个好结果的表扬甚至一次信息的交换，最后都是为了创造业绩。

可以用一个简单的公式表述绩效：绩效＝技能＋行为＋资源。要取得好的绩效就需要拥有解决问题的技能，但在实际工作中，经常需要攻坚克难，需要组合技能，需要相应的经验积累，甚至设想出创造性的解决方案。下属有时候会因学识、经验不够，需要上级在这些难点上予以指导与点拨；或因责任重大或对成功没有把握而胆怯退缩，这时就需要上级给予激励，消除下属的顾虑使其可以放开手脚全力克难；在取得了好的成绩时，上级要给予肯定，并给予相应的奖励，即使失败了也要鼓励下属不要灰心，一起复盘找出问题，重新制定策略与方案，再次攻坚。这些对下属的激励与指导，以及对其结果的反馈和奖励、惩罚，都是优秀管理者在工作中必须执行的。巧妇难为无米之炊，再有激情和能力的人也不能在缺乏物资保障的条件下创造出业绩奇迹，作为管理者就是要确保为下属做好所需的资源保障，包括资金、人员、相关设备等。

关于沟通的进阶指导、激励、反馈的内容，涉及总序中图 0-1 所示的融合了管理的三个基本角色（导师、教练、督导），还要根据不同的行为与结果予以合理的行为反馈。

## 三、成长更好的员工是善于"管理"上级的人

企业里有很多人勤勤恳恳，以自己的方式努力工作，

以为通过这种方式就会得到提拔，可是一次两次甚至很多次，上级把晋升机会都给了别人。这是为什么呢？经过研究发现，这类员工通常是缺乏主动性的人，你的努力与勤勤恳恳完成的是不是上级分派的工作呢？完成的是不是上级眼中部门最需要解决的问题呢？工作完成的是不是达到了上级的期望呢？这些他们都不知道，他们只是在努力工作。

在工作中不仅要做好自己的本职工作，还要主动承担在领导看来更重要的任务，这都需要主动与上级沟通。在企业中，上级有责任了解每一个下属的工作状况，但是对于一个领导十多个下属的管理者而言，即使每周与每个下属聊半个小时工作，就要占去其每周近三分之一的工作时间，这在现实工作中很难做到。何况对于下属来说，交流过后上级也未必对你有更多更深的认识，对你的特点能力并不能充分了解。上级通常会对经常找他们汇报交流工作的人有更多的了解，清楚他们的工作目标和工作计划，对他们在工作中所需要的支持也很明确，他们从而能获得完成工作所需要的资源。因此在工作中还要善于管理你的上级。很多人以为管理仅限于上级管理下属，其实管理上级并不是给上级分派工作，不服从上级的安排，而是让上级了解自己的工作，在必要时寻求上级的帮助与指导，这都是创造更好的绩效的方式。

成长最快的人往往是那些敢汇报、会汇报、勤汇报的人。敢汇报是指主动与上级汇报交流工作；会汇报是指能拿出有明确目标的工作方案与工作计划和上级交流，并就一些需要帮助的关键点与上级达成共识，得到上级的认可；勤汇报是指凡事有始有终，定期向上级汇报，让上级了解工作进展，不隐瞒问题，不夸大成绩。

经常与上级沟通交流并不是恭维上级，而是真正承担上级关注的部门核心项目，为部门业绩贡献自己的力量。优秀的下属都会在与上级沟通前准备好目标、策略、方案、计划、需要支持的事项，提高与上级沟通的效率和效果，而不是要求与上级沟通时让上级保持足够的耐心，理解你工作中的困难与辛苦。

## 四、坚持一个原则：为创造绩效提供实实在在的支持与协助

为了创造出更好的绩效，管理者介入管理就是要更多地关注如何提供实实在在的工作需求上的支持。无论是托

马斯·吉尔伯特研究的行为工程模式中阐释的员工行为表现，其主要决定因素是组织层面的，还是通过对优秀企业家的分析，发现管理者的风格各异、沟通方式也不尽相同，其中不乏沟通是严苛暴烈的，但他们为下属提供的机会、指导、资金、人员等支持往往超越同时代的竞争对手，甚至承受多年的压力，仍不断持续加大投入。

把沟通的关注点放在沟通事项目标的达成所需要的指导与支持上，就可以把沟通双方的注意力集中于所要沟通交流的事项，大大减少对人的关注。切实的指导与支持就会真正融入沟通对象的工作中，从而体会工作中真实的困难，也就把心理认同需求与情感需求融入了工作的行动中，真正实现与沟通对象共情。

沟通中的情感需求也很重要，但提供实实在在的工作需求的支持就是最大的情感支持。常言道：任何甜言蜜语都比不上实际行动。在工作情景中，我们只要保持人格上的相互尊重，基本上不会出现原则问题，控制自己不要出现侮辱和刻意贬低的语言与情绪。不要把关注沟通对象的情感需求仅限于用心倾听与理解对方的心理感受上，一定要记住，沟通是为了更好地解决问题，问题的解决更需要的是指导方法和提供资源支持。

很多管理学书籍中都强调：没有情感认同与用心倾听，就不能了解沟通对象要表述的事情，沟通信息就不会被充分交互。但沟通时信息没有被充分交互的这一问题的根本并不在于"倾听与心理情感认同"，而在于沟通方法与沟通管理，这将会在下一章的"说—听—问"中进行讨论。

在沟通中，如何判断所提供的是合适的工作需求的指导与支持，将在"沟通 2131 法则的最后一个 1——作用于一个过程"中阐述。

如表 3-1 所示为一个简单的表单，请对照你在沟通时能提供哪些工作上的支持。

表 3-1　沟通时能提供的工作支持清单

| 你的角色 | | |
|---|---|---|
| 管理者 | | |
| 被管理者 | | |
| 工作要点 | | |
| 工作项目 | | |
| 工作目标 | | |
| 关键时间节点 | 阶段一 | |

（续表）

| 关键时间节点 | 阶段二 | |
|---|---|---|
| | 阶段三 | |
| 工作阶段 | | |
| 阶段一 | | |
| 资源 | | |
| 资金 | | |
| 人员 | | |
| 部门协作 | | |
| 需要上级支持的 | | |
| 部门范围内能解决的 | | |
| 阶段二 | | |
| 资源 | | |
| 资金 | | |
| 人员 | | |
| 部门协作 | | |
| 需要上级支持的 | | |
| 部门范围内能解决的 | | |
| 阶段三 | | |
| 资源 | | |
| 资金 | | |
| 人员 | | |
| 部门协作 | | |
| 需要上级支持的 | | |
| 部门范围内能解决的 | | |

# 沟通 2131 法则之 3——把握 "说—听—问" 三个环节： 信息统一编解

沟通的两个基本构成是沟通内容和沟通方法。沟通内容就是说者所要表达的、要传递给听者的信息。沟通方法则是如何表达和传递这些信息，是为沟通内容服务的。同时，沟通是一种双向交流，彼得·德鲁克认为"交流不同于信息，两者是相反或互补的"（《管理：任务、责任和实践》）。所谓交流，沟通双方都理解、确认了才有意义。沟通交流的信息不被完全理解，问题有可能出自说者，也可能出自听者。

本书开篇提到了沟通漏斗，随着沟通的推进，要传递的沟通信息会持续地衰减与遗失。在沟通中，沟通双方因学识经历、经验积累与能力的差异，即使对同一句话的理解也不尽相同。于是沟通信息传递会产生理解偏差，导致信息衰减与遗失，因此要解决如何在沟通中实现信息传递不衰减、无遗失的问题。

沟通信息的传递还受肢体语言、语气、表述方式、沟通介质等诸多因素影响。在沟通过程中，沟通双方由于职位、观点、需求、经历及心理的差别，会对沟通形成干扰，造成信息的缺失及信息接收的偏差。

但凡沟通，就必然包括三个基本环节：说、听、问（见图 4-1）。在沟通进程中通过这三个基本环节组合一系列关联信息，实现沟通双方对信息的传递与确认。以上所有影响沟通的因素都需要在"说—听—问"三个环节中得以解决。

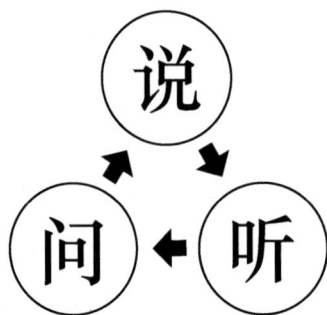

图 4-1　沟通的三个基本环节——"说—听—问"

　　"说—听—问"三个环节是一个整体，各环节都具有同等重要的价值与作用，都是为实现沟通目的、达成沟通目标服务的。不能单方面强调"听"的重要性，更不能独讲"说"更重要，甚至有的沟通理论书籍把"问"提升为一个无所不能的利器，就更不符合事实了。

　　本书通过三章内容与大家交流沟通 2131 法则之 3——把握"说—听—问"三个环节：第四章，如何通过"说—听—问"三个环节对信息统一编解，实现沟通信息无衰减；第五章，如何完成一次完整的沟通；第六章，通过沟通创造性地解决问题。

# 第一节　沟通的基本过程

　　沟通，其本质是信息通过介质传递进行交互。信息传递交互可以在通信工具之间，也可以在人与机器之间，还可以是组织之间、人与人之间的交流。无论信息交互过程中的对象如何变换、有何不同，都要遵循基本的信息交互过程。信息交互的基本过程如图 4-2 所示。

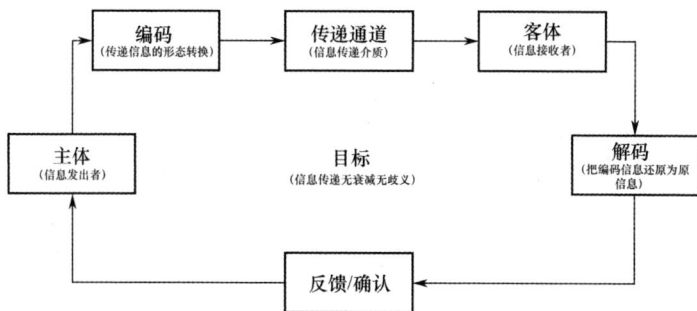

图 4-2　信息交互的基本过程

　　在图 4-2 中，沟通是由主体（信息发出者）发起的，对要传递的信息进行编码后，通过某传递通道传递给客体（信息接收者）。客体要真正了解所收到的信息内容，就要对编码过的信息根据统一规则进行解码，还原信息，然后根据对信息的理解与主体进行反馈与确认。反馈与确认是通过"信息编码—传递—解码"这个反馈过程进行的。

通过信息交互的基本过程可以发现：信息、编码、传递通道、解码、反馈/确认，这五个要素是取得信息交互成功的关键。它始于主体发出的信息，终于客体与主体对于所传递信息的反馈与确认。因此，在信息传递过程中仅有信息是不够的，只有当信息被客体反馈并经过主体确认后才算完成。

古时烽火传信、击鼓鸣金，现代手语之所以能够把信息准确传递并无歧义的理解执行，在于这些被传递的信息是按照某种规则被统一编码的，主体把信息按设定的编码规则编译后发出，客体收到经过编码的信息后，根据规则进行解码，就可以准确无误地知道主体发出的信息。看过《长安十二时辰》这部书或者电视剧的人，一定对于剧中一千多年前唐代的"无线通信"——望楼体系印象深刻，望楼是八丈（约 26.67 米）高的瞭望塔，星罗棋布地安置于长安城中，楼与楼间靠旗语、鼓声或灯火光来传递信息，信息基于《唐韵》解码，就像莫尔斯电码一般。依靠这一体系便可统一遥控及调度全城的城防力量。

## 第二节 信息有效交互的要素

古时有结绳记事、壁画石刻，以及长安城中的望楼传信，现代有通信、计算机指令、网络数据传播，这些都是信息交互，只是类型不同，但都遵循信息交互的基本过程。

任何信息交互都是基于实现某种目的、达成某个特定的目标而发起的。为达成目标，就要根据不同的信息交互对象，采用其可解码的特定方式编辑信息，再选择合适的信息交互通道与手段把编辑后的信息传递给信息客体。客体收到信息并将其解析后，再与主体进行相应的反馈与确认，即完成一次完整的信息交互。由此，可以总结出有效的信息交互应该考虑七个方面的基本要素：信源、目标、信息、对象、信道、编码/解码、反馈/确认。

（1）信源：主体（发出信息者），在沟通中是发起沟通行为的一方，我们可以把发起沟通的一方统称为说者。

（2）目标：信息交互完成后要达成的状态，在沟通时可以界定为发起这次沟通要解决的问题。

（3）信息：为实现目标，在沟通时需要表述的内容或者为解决问题需要交互的内容。

（4）对象：客体或者信息的归宿，在沟通时就是听者，其可以是个人也可以是群体。

（5）信道：传递信息的通道、通信设备，包括卫星、中继器、光缆等。在沟通时成为沟通媒介，如口头传达、书面通知、电话、电子邮件、会议、传真、录像和记者招待会等。

（6）编码/解码：在信息论中泛指所有的编码规则语言与编码解码设备。在沟通中特指根据沟通所处的环境与对象，对信息进行梳理与组织的过程、方法和工具。

（7）反馈/确认：信息交互是一个完整的闭环，只有得到听者的反馈/确认后才能算是完成了一次信息交互。在沟通中，信息交互同样是一个完整的过程，而不是一个简单的行为，是为实现与听者就沟通目标达成的反馈，以及达成一致的过程。

当说者（信源）与听者（对象）确定后，通常还需要

确定沟通的信息与要达成的沟通目标。连接说者与听者的
沟通媒介也会被选定。这些说者、听者、信息、目标、沟
通媒介，都是客观存在的，并不影响沟通中的信息传递与
交互质量。决定沟通的信息传递与交互质量的是：信息如
何被编辑与解析，以及信息在传递后 "听者—说者" 是否
经过了反馈与确认信息被完全传递并达成共识。如同设计
信息系统时，除了选择信道与设计附属设施之外，核心工
作就是设计编译码器，编译码器决定了信息系统性能指标
的有效性与可靠性。

# 第三节　沟通内容的梳理与解析程度决定沟通质量

在沟通漏斗中，第一个信息衰减环节就是说者用语言或文字向听者表述信息时，实际表述出来的为全部信息的 80%；听者对此又遗失了 20% 的信息，能听懂并接受的只剩 60% 的内容了，而被执行实施时连 40% 都不到了。即使听者的理解能力超强，每次沟通时都能极其用心地倾听，把说者表达的 80% 的内容都吸收和执行了，但仍然无法弥补说者在最初表达时已经遗失的 20% 的部分。换句话说：听者能力再强，最多也只能达成 80% 的绩效。

我们来看一个案例：领导学专家戴安娜·布赫在其所著的《领导力的 36 个关键》一书中的描述。

如果一封电子邮件、一份报告或提议让人感到莫名其妙，那么问题往往出在结构上而不是内容上。如果用数字时代的语言来描述这种做法，那就是：作者挑选图片，编辑、裁剪图片，然后考虑往哪里贴图片。这是错误的做法。

这种颠倒了顺序的信息呈现方式不是逼着人回头重读，就是会让人感到费解。然而，人们总是一边想、一边写。开始的时候，他们会写："过去遇到这样一个问题。"然后，他们会详细描述相关情形以及对问题的调查，最后得出结论："这是情况总结和解决方案。完毕。"

这一呈现方式的问题在于：人们只有先了解整体情况，然后才能理解问题的细节并进行相关讨论。请看下面这个例子。

唐发给迪安的电子邮件：你知道，在过去的五个月里，我们一直在正式地评估呼叫中心，以期寻找替代做法使公司能够达成一系列业务目标。其中一些目标是：提升基础设施，打造"园林式"公司环境；加快对内和对外的响应时间；由于无法跟踪维护协议，停止免费支持服务；减少长时间的等待。

（迪安：我已经知道这些目标了！）

公司通过一份报告发现，我们的通话放弃率非常高，从24%起甚至达到 50%以上。这些客户或潜在客户没等到呼叫中心应答就挂断了电话，这让我们的紧迫感大为增加。

（迪安：哦！问题很严重呀。你打算怎么办呢？）

我们认为网络信息公司提供给我们的其实是竞争力、技术和金融投资。投资额约 200 万美元，融资期限为三年。我想听听你的看法，还有，你是否希望我跟他们开个会来回答你的问题。

迪安的回复：除去读者必须读完一整封电子邮件才能找到关键信息之外，这封电子邮件回答的问题还没有它引发的疑问多。什么样的报告揭示了通话放弃率？"业务影响"和"技术"是什么意思？网络信息公司的投资是否是 200 万美元当中的一部分？解决这些问题的大致时间是怎样的？

这个案例的解决方案是使用 TA-DA 模板（见表 4-1），用容易理解的方式构思你的日常文稿（电子邮件、信件、报告和提议），以便读者看一遍就能快速理解你的想法并付诸实施。不要让他们心存疑问："现在我该做什么？""这件事为什么重要？""那么这又要花多少钱？"

表 4-1　用于信息编码的 TA-DA 模板

| T | A-D | | A |
|---|---|---|---|
| 概述 | 行动 | 细节 | 附件 |
| | 跟进或推荐 | 为什么、何时、用何种方式、涉及谁、需要多少预算 | |

不要让读者在黑暗中摸索，读了一大半才找到关键信息。把这样的信息放在前面既能节约读者的时间，又能让读者读得更轻松。对绝大多数的电子邮件、报告和提议来说，运用上面的模板就足以使你的表达做到清晰、简洁和有说服力了。

下面是运用 TA-DA 模板修改后的电子邮件。

唐发给迪安的电子邮件：经过五个月的评估，我们认为网络信息公司是帮助公司改善呼叫中心服务的最佳业务合作伙伴。目前，他们的研究和报告显示，24%～50%的客户和潜在客户在呼叫中心有人应答之前就放弃了通话，这一点已经对我们的业务产生了重大的影响。此外，网络信息公司的技术（包括软件、流程和员工的专业技能）对公司实现未来一年的关键业务目标很有帮助。

网络信息公司建议我们投资 200 万美元左右，融资期限为三年。

我打算与他们会面，进一步讨论这一建议。如果你想参加，请告诉我什么时间方便，我会做相应的安排。

案例中，两封邮件要传递的信息内容没有区别，但邮件接收者对所传递信息的理解却有根本的不同，原因是后者使用了信息编码规范模板——TA-DA 模板。其内容经过了规范梳理后，表述的信息被简洁、清晰、完整地表达了出来，沟通对象也会准确无误地理解信息。

与所有的信息交互一样，沟通要实现信息完整、准确、无误的交互，就要使用规范统一的信息编译规则，并且沟通双方都要了解和掌握这些统一的信息编译规则，也就是要在沟通时使用双方都能掌握的规范语言。如沟通双方在沟通工作目标时使用 Smart 工具来交流，说者不仅可以 100%表述出目标内容，听者也会清楚理解所要求的目标，经过说者与听者双方确认后，就可以无异议约定下来。

因此，沟通质量能否提升，核心问题在于沟通双方是否按照规范统一的工具对沟通信息进行梳理、编辑与解析。

没有统一的信息规范表述，对于混乱、有疑义的信息，即使沟通时听者再强调倾听与同理心，对提升沟通质量和效果的作用与价值都不大。

注：希望对信息传输编码与解码有更专业了解的读者，可以查一些通信或计算机的资料。因表述对象的界定，在此不对编码与解码进行专业说明。

# 第四节 "说—听—问"是一个整体

与所有的信息交互一样，"说—听—问"三个环节是实现沟通中听者（主体）与听者（客体）完成信息交互的编码及传递（说）、解码还原信息（听），以及两者对交互信息的反馈/确认的一个完成过程的组成部分。信息交互过程中的流程环节具有同等的作用与价值，刻意强调某一个环节而忽略另一环节都是不可取也不客观的。"说—听—问"三个环节中的每一个环节都不可能单独存在，在沟通中如果忽略了任一环节的作用，都无法完成有效的信息交互。只有了解三个环节在沟通中的价值与作用，在一个整体沟通循环过程中看待这三个环节并走完沟通流程，沟通信息交互才能达到预期效果。

再次强调：沟通的信息交互同样是一个完整的信息传递交互过程，必须遵循信息交互的基本规律，才能实现沟通的目的，达成沟通的目标。

# 一、"说—听—问"各环节在沟通中的作用与价值

## 1. 说

"说"就是说者把所要传递给听者的信息进行编码后，选择合适的传递方式与介质的行为过程。主要包括三个部分：信息内容、信息编码、信息传递介质与方式选择，通俗讲就是：说什么、怎么说、通过什么说。

（1）说什么，就是沟通的发起方——说者要表达的内容，可以是陈述一件事，也可以是向听者提出一个问题。

（2）怎么说，是对所要表达内容的编译，即通过什么样的方式组织内容与表达内容。怎么说受信息内容、传递介质与方式、听者，以及信息沟通时环境等因素的影响，是沟通中最难把握的环节。

（3）通过什么说，即信息传递介质与方式的选择，如一对一或一对多的面对面沟通。会议、电子邮件、电话、即时通信（微信）、工作通信平台（钉钉、Welink）等不同的方式对"怎么说"有影响，但并不改变沟通信息交互的

基本诉求。本书对不同的信息传递介质不做过多的讨论，而是把重点集中在如何确保信息在沟通中不衰减这一基本面上。

"说什么"要求说者发起沟通时有明确的目的与清晰的目标，只有这样才能明晰沟通时要表达的内容。"怎么说"为实现沟通目的和目标服务，根据信息传递介质组织编译，基本要求是沟通内容完整、清晰、简洁。

（1）完整：沟通内容完整、无遗漏。

（2）清晰：表述的逻辑清楚、层次分明。

（3）简洁：规范的工作语言才能使人专注，减少信息干扰。

总之，说不清楚就听不明白！

## 2. 听

"听"即听者把说者传递过来的所有信息进行解码，无遗失、无偏见地了解说者传递的所有信息。其包括三个部分：接收信息、信息解码、了解信息，简单地说就是：听到、听全。

在沟通中，听的重要性不言而喻。现在有关沟通的书籍与培训都在强调听的价值、听的重要性，不仅要从行为上还要在心理上进行更多的投入。但是统计显示大多数听者知道听的重要性，欠缺的是如何用有效技能来改善听的效果。

造成听的效果不理想的原因主要应明确——听是对应于说的。现在都在强调听者的投入，但却没有把"听—说"作为一个整体来看待。首先，如果说者逻辑混乱，干扰信息过多，信息表述不全，听者无论如何投入都无法切实提升对信息的接收程度；其次，要对说者传递的信息进行编译解析、还原内容本身，这需要听者遵循说者对信息的组织逻辑进行内容还原，如果听者的能力不强或者对说者组织信息的逻辑不了解，那信息内容是很难得以有效还原的；最后，在发现说者表述不清、逻辑不明的情况下，如何通过问的方式引导说者对想要表述的内容进行有效组织，全面、清晰、简洁地引导说者表述信息，这是对听者具备更高技能的要求。

听，要求全面、客观地还原内容，然后不带偏见地分析内容。在现实沟通中，最容易出现的听的问题就是说者还没陈述完，听者就先入为主对听到的问题做出判断。下面这则经典小故事中的情况经常在沟通时出现。

### 案例：小孩跳伞

在一档电视专题节目里，一位著名的主持人与一个小朋友对话。主持人问这个小朋友："你长大后准备做什么？"小朋友很肯定地说："我要当飞行员。"主持人又问："假如有一天你驾驶着飞机飞在太平洋上空，但飞机没油了怎么办？"小朋友很有把握地说："我让旅客系好安全带！然后我就系好降落伞跳下去！"

听到小朋友这么说，主持人哈哈大笑，笑得小朋友莫名其妙，很不服气地哭着说："你笑什么？我赶紧去找油啊！我无论如何都要带油回来的！"

### 3. 问

"问"是听者与说者对于所交流信息的反馈与确认，是实现说者与听者达成共识的行为。问包含了信息交互过程中说者与听者的单次或多次角色转换，也包含多次信息的编码、传递、解码过程。问是沟通的三个环节中功能最丰富的，沟通过程的多个部分都是通过问来完成的。很多高阶的管理工具都是以问为基础推进的，如丰田的"五个为什么"、领导力教练都是围绕问来实现的。在经营决策中，问对问题是所有决策的起始点。在本章我们还是把问的功能界定在最基本的说者与听者在沟通中对于信息内容的反馈与确认。问的应用在本书后续章节中还会介绍。

凡事要先打好基础，才能得到持续提升，问在沟通过程中最基础的作用可以分为以下两种。

（1）补缺查漏：听者对没有听清楚的信息、说者没有表述出来的信息，都可以通过问的方式，让说者补充说明。

（2）确认内容：听者对已经听到的内容，与说者进行确认是否完整无误、认知一致。

在日常工作沟通中，一定要守住对沟通内容补缺查漏、进行确认这两个基本点，说者与听者在就沟通内容达成共识并确认前，不要提引导性的、批判性的问题，不问为什么，先就所沟通的信息内容达成共识。

## 二、从沟通过程分析"说—听—问"信息遗失和沟通不畅的原因与对策

### 1. 造成"说—听—问"信息遗失的原因

工作中的沟通为何不能像通信那么精准，甚至还不如古时烽火传信。同样是信息交互，这其中的差别到底是如何产生的呢？将沟通、通信、烽火传信根据信息交互过程与过程要素差异做一个对比，看看它们之间存在哪些不同，如表 4-2 所示。

表 4-2 沟通、通信、烽火传信的对比分析

|  | 沟通 | 通信 | 烽火传信 |
|---|---|---|---|
| 说者 | √ | √ | √ |
| 听者 | √ | √ | √ |
| 通道/介质 | √ | √ | √ |
| 编解码规则 | × | √ | √ |
| 遵循编解码规则 | × | √ | √ |
| 编码 | √—? | √ | √ |
| 解码 | √—? | √ | √ |
| 反馈/确认 | ? | √ | √ |

如表 4-2 所示，沟通与通信、烽火传信在信息交互过

程中缺失的主要有两项：统一的对信息内容进行编解码的规则，必须按照编解码规则对信息内容进行编解。过程不确定的有一项：反馈/确认。沟通中的反馈/确认是由沟通主题与听者的个人特性或工作习惯决定的，具有个体性、随机性及不确定性。造成过程质量不确定的有两项：说者对沟通信息的编码与听者对编码信息的解码。在沟通中说者根据自身能力、经验，以及对听者的判断对信息进行编码，听者也是根据自身能力、经验及对说者的判断，对接收到的信息进行解码，这就造成了说者编码与听者解码过程本身就造成了信息的衰减。

如果在沟通中，说者和听者能用统一规范的内容交流格式，一定会大大降低由此造成的"说—听"过程中的信息遗失。同时，说者会因要传递的信息内容经过规范的格式梳理使"说"的内容完整、清晰、简洁地被表达。听者也会根据统一的规则对说者传递过来的信息进行梳理，如果发现有遗漏或不清晰的地方，再通过问与说者进行反馈并补缺。之后与说者通过问的方式对所有信息内容进行完整确认后，就可以实现沟通中所要传递信息的内容无遗失、理解无偏差。

## 2. 造成"说—听—问"沟通不畅的原因

沟通中出现"说—听—问"的障碍基本是由两个原因引起的：沟通过程没走完；"说—听—问"编解码不规范或规范不统一。

## 3. 应对"说—听—问"信息遗失和沟通不畅的方法

造成问题的原因找到了，那么应对方法也就随之产生，有以下两点。

（1）沟通时不能跳过任何一个环节。

（2）在沟通时采用统一工具对"说—听—问"三个环节的信息进行规范处理。

如何走完沟通的全过程，完成一次完整的沟通，将在第五章中展开交流。本章接下来的内容主要为如何引入统一的工具对信息进行规范，解决信息的完整、清晰、简洁的交互。

形成信息衰减漏斗的本质是在沟通进程中缺乏统一的信息承载工具，使沟通双方无法对信息进行梳理与遗失核检。上文提到的 TA-DA 模板就能很好地解决这个问题。翻开麦肯锡公司的咨询顾问们的笔记，每一页内容的格式都是"空—雨—伞"，时刻培养咨询顾问的"事实—状况分析—策略与行动方案"的思考模式。大量的书籍中介绍了麦肯锡公司的各种管理工具，很多管理工具也成了培训界长盛不衰的课程，如著名的"金字塔原理""七步问题分析法"等，可惜的是很多这样管理工具都没有在工作中得到应用。

**案例：知名企业提升沟通效率的方法**

### 1. 亚马逊六页纸会议

会议可能是所有沟通种类中效果最差的了，很多公司都致力于提升会议的效果。我们看看亚马逊是如何做的：贝索斯禁止在会议中使用 PPT，替换方案是使用六页备忘录，包含叙事结构、真实句子、话题、动词和名词等。

**（1）What** we do?（背景）

**（2）Why** we do it? （解决什么问题）

**（3）How** we do it?（怎样做）

**（4）Validation**（如何验证）

**（5）Discussion/Analysis**（讨论/分析）

**（6）Summary**（总结）

亚马逊所说的六页纸会议就是把会议内容分为六个部分，根据这六个部分对会议沟通内容进行规范，会后还要提出结论和待办事项，然后发会议纪要。布拉德·波特（Brad Porter）是亚马逊机器人技术副总裁，他曾经谈过对六页纸会议的感受：在以前的公司，我经常因为没有机会恰当地展示数据而断章取义地做出决定而感到沮丧。我会看到逻辑缺陷和统计缺陷，但却没有机会去探究它们，因为房间里的其他人没有相同的背景或数据。但我在亚马逊从来没有遇到过这些挑战。

对于任何一个亚马逊的员工与团队来说，写出一篇基于证据的六页好文章是一项艰巨的工作。精确是很重要的，而且很难在六页纸内总结一项复杂的业务，所以团队要花几个小时准备这些文档。但这种准备有两大好处：第一，它要求编写文档的团队真正深入地理解他们自己的领域，收集相关的数据，了解自己的运作原则，并能够清楚地传达它们；第二，这是一份强大的文档，让高级管理人员能够在三十分钟的阅读中理解一个他们不熟悉的全新的领域，从而大大优化他们阅读的速度和决策的效率。

亚马逊就是通过这六个核心问题，创造性地使会议中的信息得以准确传递的，支持信息的相关数据及运作原则、应对措施与验证方式，可以快速地令与会者对会议内容有全面、清晰、简洁的了解。

关于亚马逊六页纸的详细介绍和举例练习，如有兴趣进一步了解，请查阅网络上的学习资料与介绍。

## 2. 丰田 A3 报告

A3 报告与"五个为什么"、可视化并称为丰田三大管理工具，是丰田的核心沟通工具。A3 报告产生的背景是汽车生产的每一道工序都涉及很多员工，团队合作是成功的关键，而团队合作的基础是所有团队成员如果能够共享一个"一目了然"的资料，其效率自然会大大提高，并会极大降低出错的概率。

A3 报告就是用图形把所要讨论或要解决的问题分解成

八个步骤，归纳到一张 A3 纸上，即用一张 A3 纸就可展现"解决问题的整个思考流程"（见图 4-3）。A3 报告具有简单、结构化的特点，作为丰田通用的改善工具、报告模板，它的使用和推广为所有人员提供了一种通用的沟通语言，即使不熟悉生产工艺和不了解现场的人，也可以很容易地掌握项目的整体情况，从而加入讨论，不必担心遇到难以理解的专业术语和现场管理语言，不同部门、职能和级别的人可以无障碍地沟通交流项目及问题的分析和改善情况。A3 报告在丰田早已成为标准化的沟通和解决问题的工具。

完成一份 A3 报告分为以下几步。

Step1：明确问题；

Step2：分解问题；

Step3：设定目标；

Step4：把握真因；

Step5：制定对策；

Step6：制订行动计划；

Step7～8：评价结果和过程，巩固成果。

丰田A3报告

定义：将解决问题的八个步骤归纳在一张A3纸上。即用一张A3纸即可展现"解决问题的整个思考流程"。

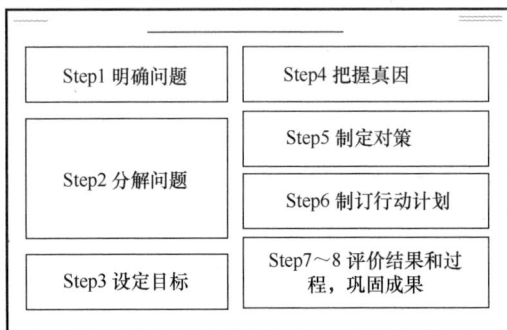

| Step1 明确问题 | Step4 把握真因 |
| --- | --- |
| Step2 分解问题 | Step5 制定对策 |
| | Step6 制订行动计划 |
| Step3 设定目标 | Step7～8 评价结果和过程，巩固成果 |

图 4-3 丰田 A3 报告

除了亚马逊、丰田之外，许多优秀的企业在发展过程中都会主动开发一系列的管理工具，用于规范企业在沟通中的语言工具，不仅能够提升沟通效率，还可以提升员工的工作能力和企业运营效率。

## 三、引入管理工具规范"说—听—问"，提升沟通能力

管理工具的价值是规范管理方法、统一管理语言，提

升运营效率。很多读者已在实际工作中有意识地使用一些管理工具来处理工作了，说明其已经具有了一定的学习与使用管理工具的能力。之所以沟通的效果还是不理想，首先是企业没有统一规定要求用哪几个管理工具作为通用的沟通工具；其次，使用管理工具是个人处理工作的行为，大家使用的管理工具不尽相同，熟练程度也不同；再次，沟通理论的书籍和培训一再强调沟通不畅是因为倾听不够、换位思考不够等，把大家带入了沟通情感投入领域，忽视了对沟通信息本身的规范梳理与清晰交互；最后，沟通双方都没有有意识地要求自己和对方按照同一个管理工具展开沟通。

如果你是企业老板，无论企业大小，都最好从现在开始在企业中规范几个统一的管理工具作为沟通的基础语言，这样一定会提升企业管理能力和运营效率。如果你是部门经理、小组长或仅是一个临时的项目经理，建议你在所管辖的范围内推进一两个管理工具作为规范的沟通工具。如果你仅是一个刚进企业的实习期员工，能运用规范的管理工具与你的领导或同事进行沟通的话，一定会让你脱颖而出的。一个经过系统梳理的有逻辑、有层次的信息交互，一定会让你的沟通对象对你投入更多的关注。

笔者就是这个方法的受益者，坚持"什么都是项目，一切也将成为项目"的管理认知，从在咨询公司当项目经理开始一直到现在，在工作中坚持运用一个简化了的项目管理表。表中内容包含项目名称、项目目标、项目说明、策略选择、分几个阶段实施、各阶段达成的目标与时间、需要的资源配置（人、材、物）、每个阶段分几步、每个步骤的关键点、项目总结。即使笔者在江西吉安做一个食品企业的CEO 时，面对的员工大多都是当地的务农人员，平均教育程度为高中水平，笔者仍能通过这个简单的项目管理表在不到一年的时间内理顺了企业的生产管理、采购管理、营销管理。到了第二年，项目管理的基本逻辑已经成为企业内部沟通交流、管理推进、过程控制的基本方法了。

建议大家从最熟悉的管理工具入手来提升沟通信息的梳理和传递，如"黄金圈"法则、5W2H 分析法。

## 1. "黄金圈"法则

"黄金圈"法则是《从"为什么"开始》的作者西蒙·斯涅克发现的一种思维方式，它由三个圈组成，在最

外层的圈是 "做什么或是什么"（What），指的是现象和成
果；中间的圈是 "怎么做"（How），指的是方法和措施；
而最内层的圈也是最核心的圈是 "为什么"（Why），指的
是目的和理念（见图 4-4）。"黄金圈" 法则强调从问题本身
入手，这样会让你的思维逻辑直接、清晰、简单。

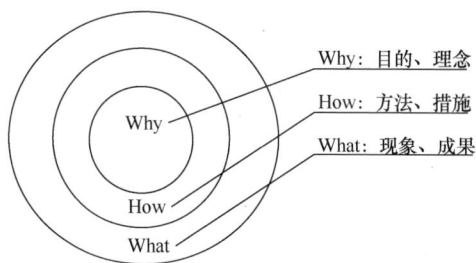

图 4-4 "黄金圈" 法则

我们可以根据 "黄金圈" 法则把要表述的事情按照逻
辑进行梳理。

（1）什么事：所要做的事情是什么。

（2）为什么：做事的动机是什么，目的是什么。

（3）如何做：实施的策略是什么，用什么方法进行处
理，分几步操作。

（4）做什么：达成什么结果。这个成果可以是所做事

情的结果，也可以是一个方案，具体要看思考问题或沟通时，说者强调什么。如在计划审批阶段，就是所做的方案，而考核或复盘时，就是方案实施的过程和结果。

沟通时可以根据"黄金圈"法则的基本逻辑把所要沟通的事情进行梳理，有以下两种流程：

一种是"事情—原因—策略、方法、步骤—实现目标"。

另一种是"事情—策略、方法、步骤—实现目标，阐明原因"。

这两种方式都可以完整、清晰、简洁地把所要沟通的事情表述清楚。听者在沟通中也会"听"得清晰、明了，如果有不清楚的地方，也可以沿着"黄金圈"法则的逻辑进行一一反馈确认。

## 2．5W2H 分析法

5W2H 分析法又叫七问分析法，为美国陆军兵器修理部首创。其简单、方便，易于理解、使用，富有启发意义，已经广泛用于企业管理和技术活动中，有助于弥补考虑问题的疏漏。

5W2H 分析法就是在对某一工作的调查研究的基础上，就其工作内容（What）、为何这样做（Why）、责任者（Who）、工作时间（When）、工作地点（Where），以及操作方法（How）和目标费用预算（How much）进行科学分析。通过这七个层面对所要表述的内容进行编译梳理，并以此逻辑进行沟通交流，听者可以按照 5W2H 分析法的逻辑检查听到的沟通信息，然后按此与说者进行反馈确认，直至沟通双方都对沟通内容确认无误。

（1）What——是什么，什么事。

（2）Why——为什么要做，问题产生的原因，需要解决的原因。

（3）Who——谁，问题与谁有关，谁来解决问题。

（4）When——何时，问题发生的时间，解决问题的时间、期限。

（5）Where——何处，在哪儿发生的，范围有多大。

（6）How——怎么做，实施策略，实施计划，过程步骤。

（7）How much——完成的指标是什么，需要多少成本、多少人，需要哪些支持。

无论是"黄金圈"法则还是 5W2H 分析法，都可以使沟通中的说者对自己所要表述的信息得以完整梳理，有助于思路条理化、表述完整清晰；对听者而言有助于快速抓住沟通事项的主骨架，对听到的信息进行梳理检查，对遗漏的内容快速反馈补充，降低信息遗漏和先入为主的主观认识。沟通双方在沟通时引入这些常用的管理工具，可以大大减少沟通信息耗损、提升沟通效率，并使沟通更简单、易于理解，促进达成共识。

当然，关于沟通的规范的管理工具有很多，很多企业还在发展过程中形成了自己独特的工具集，对于一些特定的问题还有特定的工具选择。在沟通中使用这些管理工具时，要注意沟通是由双方共同完成的一次信息交换，使用的工具双方都应熟悉。使用工具也不可贪多、追求时髦，切勿流行什么管理概念工具就着急使用，而是要从最通用的工具入手，用熟用透。如果是管理者在管辖范围内加以推进的通用工具，几周时间就可以使沟通效率和效果得到极大提升。

除了通用的管理工具之外，有必要采用专业的职能工具来规范企业管理和沟通语言，如做客户增长的运营团队至少要通晓 AARRR 工具，生产管理工作人员对"鱼骨"分析法的人工料法环、看板管理等要熟练。卓越的企业如丰田、华为、海尔、宝洁等都在企业的各个管理领域建立了规范的管理工具，并随着企业发展不断优化。

## 四、沟通双方在"说—听—问"三个环节中的职责

引入了统一的管理工具对沟通内容进行编解码，在实际沟通情景中，对听者的要求通常比对说者更高。说者是沟通中的主动发起方，通常会有一定的时间来准备沟通，而听者就缺少了时间来准备，除了要求说者在发起沟通时主动运用规范的管理工具来组织表述内容之外，作为沟通对象的听者需要如何"听"和"问"呢。

听者在沟通时通常会遇到两种情况：一是说者表述有逻辑，清晰、简洁、完整地把所要表述的内容说出来了；二是说者在表述时逻辑不清晰，很难听明白。第一种情况是比较理想的沟通，比较顺畅，信息很少被遗漏。但第二种情况就需要听者来主导沟通了，这就是在沟通中对听者的要求更高，这时最合理的方式就是听者利用自己掌握的管理工具，

通过问的方式主导沟通，让说者对听者提出的问题进行一一解答。这是解决因说者表述不清晰，减少沟通中因信息表述而造成的信息遗失的唯一方法。请注意，这时的"问"一定要按照某种工具体系去问，要能够完整、清晰地梳理说者所要表述的信息。

"听"一定不是一味倾听，而是要承担对说者所传递信息 100% 接收的职责，除在说者表述信息不清时要通过"问"来主导沟通之外，听者还要对听到的信息向说者进行反馈确认。

"问"的作用就是在沟通中对不确定的信息进行反馈，还要就所沟通的所有信息进行双方确认，发起确认的可以是说者，也可以是听者，但无论是由哪一方发起的，这个确认都不能省！

"问"也可以是由说者发起的，是说者需要了解某件事情而对听者发起这一沟通行为，问时，一定要按照一定的体系逻辑进行，尽量避免开放性漫无边际地问。

沟通的三个环节"说—听—问"是沿着沟通进程，随着沟通双方的交互、交替，连贯使用的。沟通的首要关注点应放在信息内容、信息交互、解决问题这些层面上。要确保精确性，就要求说者在表述时尽可能简洁、清晰，既要提高沟通效率，还要避免产生过多的寒暄、无用信息、干扰信息，使得虽然长篇大论、没有错话，但大多是些无用的废话，而真正能提供给听者的有效信息却很少。另一方面，这些没用的套话、废话还会对有用信息进行干扰，造成信息衰减。听者如果要在过多的干扰信息、寒暄、无用的长篇大论中寻出有用的信息，还要把这些零散的信息在沟通的短暂时间内梳理成一个连贯完整的信息集，这需要何等的能力才能做到。要使沟通高效无遗失地达成共识，最好的方式就是遵循沟通中的信息传递规律，对沟通信息内容规范统一的语言体系进行编解码交互反馈。

虽然沟通者的语气、肢体语言等对沟通的影响也比较大，但沟通的最终结果就是沟通信息的双方达成共识，只要遵循沟通的一个原则：支持工作目标的达成，那么沟通的语气与肢体语言自然就会被这个原则所引导及表现出来。

在掌握了沟通时运用统一的管理工具对"说—听—问"的信息进行编解码后，在下一章我们来探讨如何完成一次完整的沟通。

# 沟通 2131 法则之 3——把握 "说—听—问" 三个环节：完成一次完整的沟通

　　求职面试是每个身处职场的人都会经历的，面试沟通决定了企业是否会录用求职者，或进入下一轮面试。面试官希望通过面试沟通找到企业所需要的人才，应聘者需凭借着面试中的表现找到心仪的工作。每个企业都会为搜寻优秀人才精心准备面试内容，优秀的企业会流传出一些让人脑洞大开的面试题。

# 第一节　普华永道的面试题：200 毫升的水与 100 毫升的杯子

不妨先想象自己是去普华永道求职的一位面试者，经过简单的身份信息确认后，被问了一道表述简单易懂的面试题：

**"如何把 200 毫升的水装入一个只有 100 毫升的杯子里？"**

这个问题没有一个标准答案，可能你会觉得你给出的答案更对题，但面试官会不会因为你回答了一个更好的答案就决定你通过了这道题的面试呢？可见问题的关键并不在此。那么你在回答这个问题前是不是应该思考一个更为根本的问题：这道题是什么企业为招聘什么岗位的人而出的呢？

面试问题的设计一定是与企业业务特性、特定岗位需求紧密相关的。如果你没有考虑这些，你的答案又怎么会被面试官所青睐呢？所以在回答这个问题前，要明确这是一个知名的管理咨询公司在招聘管理咨询顾问时提的问题，那么你就要思考，这道题究竟与管理咨询顾问的岗位有什么关系，什么样的回答是符合管理咨询顾问这个岗位的能力要求的。这时你才算破解了这道题的回答所需要的通路规则，找到了回答这道题所需的岗位能力范式与回答问题的模式。管理咨询顾问就是通过所掌握的知识体系、运营相应的方法与工具，规范解决客户所提出的各种问题。管理咨询公司对于解决问题一定是建立在思维逻辑、知识体系、方法论、运用工具及解决问题的规范的分析过程上的。那么面试官要的答案一定是面试者在回答问题时所表现出来的思维方式，以及解决问题的过程、使用方法和工具。

面试者只要遵循管理咨询顾问解决问题的逻辑进行思考，然后来组织语言回复问题，基本上就可以受到面试官青睐。问题—需要达成的目标—问题的现状—现状与目标的差距—制约要素有哪些—克服制约要素的方法—能找到哪些可选方案—不同的方案实现目标的路径—选择最可行的方案—达成目标。

每个规范的企业面试都是如此。初涉职场，第一步就是用规范的沟通能力来敲开心仪工作的大门。

企业招聘的目的是寻找、吸引企业需要的人才。招聘过程中的面试、笔试就是通过这些精心设计的问题来考察应聘者是否符合企业对人才设定的标准，招聘人员一旦发现应聘者是企业期望的人才，会不遗余力地想办法吸引其进入企业。

招聘是招聘者抱有明确目的、依据明确的选拔标准、精心设计一系列问题，在与应聘者的沟通交互过程中，评价并判断应聘者是否符合企业的要求，然后决定是否把其招进企业的沟通过程。

# 第二节　完成一次绩效面谈

绩效面谈是绩效管理的核心环节，能够实现管理者与下属之间对一段时间内工作情况的沟通和确认，找出工作中的优势与不足，制订相应的改进方案，并对下属提出下一阶段的期望与目标。绩效面谈根据工作进度可分为三类：初级计划与目标面谈、过程中指导面谈、完成后绩效考评与总结复盘面谈；还有根据时间分类的如季度绩效面谈、年度绩效面谈等。以下通过一个小案例简单分析如何进行绩效面谈。

赵经理：小刘，这周我们就你上一个季度的绩效考核结果做一次绩效面谈，你哪天比较方便？

刘鹏：我这周一、周二约了客户要去拜访，周三、周五还没安排，这两天都可以。

赵经理：周三下午我没有其他安排，那就定在周三下午 3 点吧，在 2 号小会议室怎么样？

刘鹏：好的，赵总，我们就定在周三下午 3 点。

周三面谈之前，赵经理仔细查看了刘鹏上一个季度的绩效表现、部门排名、所拜访的客户、成交的客户、成交比例，以及失败客户的情况。赵经理综合分析了失败客户的共性、成交客户的特点。在业绩的基础上，向其他员工对刘鹏平时工作的情况做了了解，制定了一个简单的绩效面谈纲要，并对面谈中可能遇到的情况做了设想和应对。在这期间，刘鹏也对照绩效考核结果对自己的工作做了初步复盘，并拟了一份上一季度的工作总结和这个季度的工作计划。

（周三下午 3 点 2 号小会议室，赵经理在会议桌头上坐下，刘鹏坐在会议桌右侧。）

赵经理：小刘，今天用大约一个小时的时间对你上一个季度的工作进行一个绩效回顾，在回顾开始前，你先说说绩效考核和绩效面谈的目的是什么？

刘鹏：我觉得绩效考核是及时对员工绩效变现做出评价，并对业绩优秀的员工做出奖励。对业绩差的员工做出处罚，也作为企业发放奖金的依据，以此激励员工创造更好的业绩。

赵经理：你的理解与企业做绩效管理的目的有一定偏差，也是因为企业在这方面与大家交流不够、解释不清所导致的。实际上，企业实行绩效管理是就员工在一个时期内的工作表现实行绩效考核和激励，最终在绩效考核的数据基础上，通过绩效面谈将员工这段时间的绩效表现——进步、优点、经验、差距、问题与员工进行反馈，使员工能明确工作中的得与失，清楚工作中存在的不足，明确下一阶段改进的方向和工作的目标，也为管理者和下属建立一种正式的沟通机会，使上级了解下属实际的工作状况和工作中的困难，需要哪些帮助，也让下属明确上级对其的期望和要求，在不断提升业绩的同时提升企业的工作氛围，加强企业的文化建设。

刘鹏：赵总，看来我认识得不够全面和深刻。

（赵经理在沟通的开始和刘鹏就绩效管理这件事进行明确，并通过交流与刘鹏就绩效管理的目的达成了统一认识。这就完成了沟通 2131 法则中的两个前提：明确沟通的是绩效管理这件事、形成对绩效管理的统一认知；还表明了谈话的立场，不是为了考核，而是为了提升员工能力，从而创造更好的业绩，优化工作氛围等，坚持了沟通 2131 法则的一个原则：基于下属工作提供实实在在的指导和支持。）

赵经理：我们现在不就统一认识了吗？接下来我们就绩效考核的清单逐项讨论，你先做个自我评价，看看我们的看法是否一致。

刘鹏：上一个季度，我一共联系了 26 个客户，季度签约的客户有 5 家，现在还在沟通过程中的有 6 家，有希望成单的有 2 家。完成绩效指标考核 65%，实际完成业绩不是很令人满意，成单率低于 20%，也不理想。距离部门业绩平均绩效 76%还有很大差距，在部门中排名中等，这一项我对自己的评价为及格。

赵经理：在上一个季度你联系了 26 个客户，这在我们部门中排名第一，并且其中 22 个都是新客户，这一项我给你的评价是优秀；你成交的 5 个客户中，有 3 个是上一个季度延续的客户，新拓展的 22 个客户才成交了 2 个客户，这一点我对你的评价是不及格；完成业绩情况在部门中属于中上水平，我对你的评价是及格。

刘鹏：谢谢赵总的鼓励。

赵经理：请讲下一部分。

刘鹏：在新拓展的 22 个客户中，21 家确实是有需求的，有 1 家目前没有需求；需求的准确率比较高；这21 家客户成交了 2 家，成交率比较低，这一点我对自己的评价为不及格。成交的 5 个客户的成交金额都不是很高，在客户实际的采购额中占比太低，与优秀同事的总成交额和单笔成交金额相比都比较低，我给自己的评价为不及格。

赵经理：你的客户实际需求的准确性还是比较高的，这一点是值得肯定的。我觉得你还有一些需要改进的地方。比如，21 家客户中有 10 家客户，你在获取信息时已经滞后了，而你还对这 10 家客户不加区分的一视同仁，投入了大量的时间和精力，最后没有一家成交，还耽误了与其他客户的联系。我看过 CRM 系统中你的客户拜访记录，你除了成交的 5 个客户的拜访超过了 5 次之外，其他的客户基本拜访了 3 次以内，大多数客户经两次就不再拜访了，同时发现你的客户对接人的级别都不是很高，见到真正的决策人的客户只有 2 家，我觉得你对客户的分析不够，对客户制定针对性的业务策略和拓展计划不够，成单的偶然性较大，这一点我对你的评价为不及格，你觉得呢？

刘鹏：同意，我一定会在客户分析方面加强改善。

赵经理：下面我们来讨论你今后需要继续保持和需要改进的地方，对此你有什么看法？

刘鹏：我的优点是比较努力，与客户的关系处理得也很好，无论客户是否采购了我们的设备，为了以后还有成交的客户，我都维护良好的关系。我的缺点是学习不足，在业务拓展过程中，不注重团队合作，也较少主动寻求上级协助，汇报不及时。这些方面我都需要在保持努力工作的同时加强学习和沟通，提高成交率，从而提升业绩。

赵经理：努力和客户保持良好的关系是你的优势，接下来，我建议你对先对客户进行分级，根据客户的需求额度、对接人的级别、客户的支付能力等对客户进行划分，我结合企业的 CRM 系统做过培训资料和操作表单，会后发到你邮箱里。你根据操作表单先对客户做好分级，然后根据客户分析对不同的客户制定不同的应对策略，挑选出 10 家优质客户，我们在这个季度对这 10 家客户制定具有针对性的拓展策略和计划，做重点突破。这个季度的主要指标就是掌握策略性的客户拓展方法，提升客户成交率，提升单笔成交额，在此基础上建立与重点客户的伙伴关系。你是很有潜力的，只要在努力的基础上增加科学的方法，一定能成为优秀的客户经理。

刘鹏：好的，谢谢赵总。

赵经理就刘鹏上一季度的工作与其进行了面谈。赵经理基于绩效考核中实际的数据，事先做好资料分析，并针对刘鹏制定了一个面谈大纲，在沟通过程中既肯定了刘鹏的成绩，也指出了刘鹏在工作中存在的实际问题，还针对这些问题给出了切实的改进方法和操作指导，并提供与之相关的培训资料与操作表单，最后对刘鹏接下来的工作做了明确的要求。赵经理在沟通过程中参与到了刘鹏的前期熟悉方法和业务拓展的工作中，协助其更好地掌握新的工作方法。

与普华永道的招聘一样，赵经理进行的绩效面谈也是需要精心准备的，要明确沟通的目的和期望达成的目标，基于目的和目标进行资料准备，根据沟通的对象制定具有针对性的信息组织，然后在互动中就沟通内容达成共识。

# 第三节　有效的沟通需要精心组织和事先演练

在沟通交互过程中，用统一的体系组织语言和信息逻辑关系，完成"说—听—问"三个环节信息无遗失、准确无误地交互确认，都是为实现沟通目的、达成沟通目标而服务的。那么在沟通中如何才能更好地实现设定的目标，达成沟通的目的呢？我们可以从一些成功的沟通过程中寻找共性。

## 一、乔布斯打造苹果新品发布会

苹果公司凭借出色的产品和高明的营销创造了一个个奇迹，所推出的产品出色，该公司的营销手段同样非常高明。苹果公司会在新品发布会前对产品进行大幅造势，在全球引发数亿人的关注。那些年，史蒂夫·乔布斯一直以来都是担任这一工作的不二人选，他以自己超凡的个人魅力及跌宕起伏的演讲风格吸引了无数消费者及在场媒体人士的注意力。有人说乔布斯像一位摇滚明星，在听众的欢呼和掌声中走上台，他的演讲几乎不会出错，而且总能给人带来惊喜。

然而许多人或许没有意识到的是，乔布斯通常会在每次新品发布会举办前的数月就开始进行精心的策划和准备。在布伦特·施兰德和里克·特策利联合所著的《成为乔布斯》一书就详细描述了乔布斯对发布会细节孜孜不倦的追求："乔布斯通常会提前数月准备新品发布会以及其他一些公关场合的出席安排，并会对此进行事无巨细的预演。我曾花了一整天时间看他针对一场发布会展开了数次彩排，并对包括 PPT 的色调、聚光灯的角度，以及为了更好的演讲节奏而调整 PPT 的页码顺序、对细节进行微调。如果其中出现某些技术问题的话，乔布斯会非常恼火。一次，由于对现场灯布置不满，乔布斯曾手托着腮帮子在台上坐了整整 15 分钟。虽然那次他没有像从前那样大发雷霆，但现场几乎所有人都在等着乔布斯冷静下来。与此同时，在前往发布会举办地进行彩排前，乔布斯也会打电话给我或者史蒂芬·列维商量自己会在发布会上使用的一些隐喻或者语句，而这有可能是在发布会召开前数周的事情。"

还有人说乔布斯每次演讲前都会花几百个小时收集素材，花上百个小时来整理，定稿以后经过数次的演练，并且在演讲开始前至少进行两次全程彩排。可见苹果公司的新品发布会所产生的效果，是对细节的不断打造及不断练习所铸造的。

## 二、凡要达成沟通目标，都需要精细设计及多次练习

不仅苹果公司的发布会需要精心的准备和多次的演练，很多公司都会对销售的话术进行精心设计、对客户进行分类，然后针对销售设置不同的情景，再针对不同产品、不同客户、不同情景，设计一套标准的话术，通过培训让销售人员掌握标准话术，在销售工作开始前要在内部经过多次练习。实际销售时，还要跟随有经验的、业绩比较好的员工进行几次现场观摩之后才能独立开展业务。在保险公司和品牌消费品公司工作的店面销售人员，还会通过每日的晨会或晚会解决在实际工作中碰到的问题，来提升应对客户的能力，从而实现提升销售业绩的目的。

话术非常重要。无论是产品发布会、销售、合作谈判，还是绩效面谈、招聘、找领导谈提薪，想要达成一个满意的沟通效果，就需要对整个沟通过程进行精心的准备，对沟通对象要有所了解，根据沟通要实现的目的、达成的目标，基于相关的事实、针对特定的沟通对象，合理设计沟通过程，组织沟通语言，还要对沟通中可能发生的疑惑准备好应对方式，只有这样才能达成设定的沟通目标。

## 三、良好的沟通效果皆源自精心的准备

《礼记·中庸》："凡事预则立，不预则废。言前定则不跲，事前定则不困，行前定则不疚，道前定则不穷。"意思是：做任何事情，事前有准备就可以成功，没有准备就会失败。说话先有准备，就不会因辞穷理屈而站不住脚；行事前计划定夺，就可能减少错误或令人后悔的事。

从以上可以看出，要实现沟通目的就需精心准备与预演。我们可以回想一下，在参加一些读书会、培训学习、

商务活动时，通常会有一个自我介绍环节，有些人用 30 秒左右就可以把自己介绍清楚，并给活动参加人一个清晰的标签式认知，而有人滔滔不绝讲了十余分钟，还没弄清楚他是谁、是干什么的。但如果活动的组织者给出限定：介绍时间为一分钟，按照我是谁、做什么、核心优势、需要什么进行介绍，根据这个时间约束和介绍框架，几乎所有人的介绍就会清晰明了。这是因为大家都会按照这个框架和时间约定来组织信息，甚至还会在发言前默默预演一番。除非你是传说中的天才沟通者，不过笔者在二十余年的职业生涯中无缘得见，碰到所有的优秀人士无不是对每一件事都认真对待、遵循规范流程、事必计划、极重细节的。与其临渊羡鱼，不如退而结网。即使是很多人看来拥有超级沟通能力的马云，在阿里巴巴成长之路上找投资时也被拒绝过。沟通想要有更好的效果，就一定要对每一次沟通进行准备，设计沟通过程、组织沟通内容、把握沟通进程。

## 1. 准备沟通的方法与过程

做任何事情都要对全局有一个认知，根据事情发生的过程，准备好每个步骤，结果通常不会坏。如图 5-1 所示，为

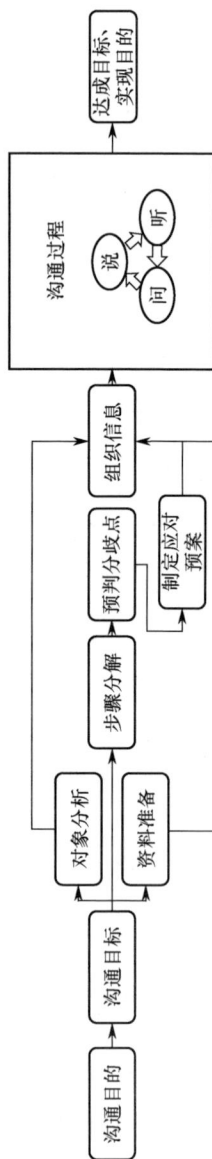

图 5-1　准备沟通的方法与过程

沟通做了一个简单的过程示意图，这个图中的每一个环节都需要沟通者必须准备，虽不见得每次都要写出来，但在头脑中一定要过一次。当然，建议您尽可能地把一些较重要的项目落到笔头上，坚持一段时间您就会发现沟通能力得到了大幅度提升。

（1）沟通目的：目的是行为的原因和意图，更关注长期价值。沟通目的是沟通的发起者对于沟通对象在一段周期中的价值期望，是贯穿这一段时间内发起者与沟通对象所有沟通过程的。如与用户沟通的目的是建立长期伙伴关系，对新员工在入职后一段时间内的沟通目的是建立起员工对企业的价值认同与融入企业等。

（2）沟通目标：目标是行为的方向和行为达成的指标，更关注短期实现。沟通目标特指沟通发起者想要达成的明确结果，这个结果指标要服从于一段时间内的价值期望。如绩效管理中，季度绩效考核的指标是对照工作目标和绩效标准判定沟通对象的季度工作完成情况，就考核结果与沟通对象达成一致；季度绩效面谈的目标是与沟通对象对上一季度的工作绩效表现进行沟通，找出优势和不足，并与其一起制定相应的改进措施与这一季度的目标。

（3）对象分析：诚然，每个沟通对象都是独立的个体，有着自己的特征，但也不要把对象分析搞得过于复杂。笔者通常的做法是以价值诉求为主线，结合其角色、性格特征来制定沟通基线，还会特别关注其专业与职业所表现出的特性。需要强调的是，每次发起沟通前都要做价值诉求分析，沟通对象的价值诉求会随着时间、环境不断发生变化，对沟通对象影响也最大。

（4）资料准备：对发起沟通的事项背景信息了解得越全面、越真实，才会对事实有客观的分析，依据分析来制定沟通策略和组织沟通信息。

（5）步骤分解：目标通常不会是一两句话就可以达成的，把所要达成的目标分解成几个阶段来完成，沟通是一个双方交互的过程，在过程中一步一步达成最终的目标。结合前文绩效面谈案例的沟通，我们发现赵经理把面谈分成四步来完成，首先建立对绩效面谈的共识，然后分两步讨论实际工作表现，最后提出改进方式与新的要求。把沟通分解成几个阶段，是为了更好地引导沟通进程，确保沟通目标的达成。

（6）预判分歧点与制定应对预案：沟通发起者要对沟

通过程中可能出现的信息接收难点、可能存在的分歧点做预判，沟通对象会对这些点问哪些问题，如何回复。不要期望沟通是顺畅的，出现分歧是正常的，关键是要对分歧有预判，有处理分歧的预案，不能在沟通中因为出现分歧而影响沟通进程。

（7）组织信息：沟通信息的组织是依据以上的所有环节得出的结果来进行的，需要注意的是组织信息要依据沟通对象比较熟悉的信息分析码来编译信息结构和表述措辞用语的，这也是为什么要对沟通对象的职业角色和专业背景有所了解，用沟通对象熟悉的语言格式交流更有助于沟通目标的达成。建立在"听清楚"的基础上组织信息实现"说明白"。

（8）沟通过程："说—听—问"就是按照本书第四章中对说、听、问的不同要求来展开沟通的，只要以上的几个沟通环节都没有省去，沟通的质量肯定是可以保证的。

## 2. 形成做沟通计划的习惯

沟通能力是可以随着不断积累持续提升的。无论是在工作中还是在生活中，建议大家都能够在沟通前按照上面的沟通过程做沟通预案，做好沟通目标、沟通对象、沟通过程的信息组织，长此以往一定会使沟通效果得以大幅度改善。

可能很多读者会问这样做是不是太麻烦了，是不是太耗时间了，相对于可能产生不好的沟通效果而言，任何在沟通前的准备都是值得的。笔者现在还会在工作中的沟通之前，用笔在纸上写下沟通的大概过程、可能出现的问题与应对方法。即使生活中的沟通也会在头脑中先过一下。

要提升沟通能力，建议您一定要做好案头工作，形成写下沟通预案的习惯！

CHAPTER 6 第六章

# 沟通 2131 法则之 3——把握 "说—听—问" 三个环节： 创造性的解决方案

在实际工作中，我们往往需要通过沟通找到问题的创造性的解决方案，如推出更具有创意的产品、引发尖叫的广告，运用超凡的战略洞见、高效的商业模式等。本章将通过几个案例，引入日常工作中一些简单易行的工具，快速提升在沟通中的创造能力。

# 第一节　私董会为何能产生不错的效果

2013 年，私董会在企业家圈子里火了起来，从几家机构发展为数百家。私董会因其私密性、非竞争性、身份一致性、流程化，已经成为很多企业家制定各种战略决策、解决内部管理难题，甚至家庭问题等的主要依托渠道。很多通过私董会获益的企业家把这一形式引入企业内部，通过与核心管理团队的整体演练交流，解决企业在经营过程中遇到的问题，取得了很好的效果。

私董会为什么会产生这样的效果呢？与企业内部通常的讨论交流有什么区别呢？两者的区别是不是造成效果不同的原因呢？私董会从表面上看是一种新兴的企业家学习、交流与社交模式，其完美地把高管教练、行动学习和深度社交融合起来，核心在于汇集跨行业的企业家群体智慧，解决企业经营管理中的比较复杂而又现实的难题。私董会的确与企业常规的交流、讨论、会议不一样。

首先，私董会强调会员身份的统一性。规范的私董会只对企业最高层管理者开放，还会根据非利益冲突原则、企业发展阶段、规模、行业等对企业家进行分组，保证了参加私董会的企业家在企业规模、思考问题层面、关注的问题等方面相统一。

其次，私董会强调平等、保密等规则的纪律性。私董会进行的交流不可避免地涉及大量的商业机密，其要求所有参与人员都要签署保密协议并承诺不会利用这些信息牟利。在讨论交流的过程中，要求会员放下身段，通过公认的议事规则进行坦诚交流。

再次，私董会有教练进行导引。私董会教练是经过严格认证后的资深专业人士，承担引导私董会会员交流、思考、学习和解决问题的责任，帮助他们快速实现个人和企业的成长。优秀的教练是私董会能否成功的关键。

最后，严格遵循规范的私董会流程进行交流。通过"提案—表决—阐述—提问—澄清—分享与建议—总结—反馈"这八个步骤，在主持人的引导下进行交流。

以上四个方面是私董会得以解决企业家关注的问题的

方法。统一的企业发展状况确保了其对所讨论的问题具有一定的现实需求与思考意义，甚至有一些私董会会员已经在实际处理过程中有了切身的感受；规则与纪律保证了成员之间可以无所顾忌地畅所欲言；有专业教练做导引，可以有效控制交流进程、始终围绕主题按照流程进行交流讨论；规范的流程和必要的要求保证了讨论的有效性。其核心就是议事规则与议事流程，再加上具有管理经验的企业家参与投入与专业导师做导引，确保私董会创造性地解决很多企业家碰到的问题。很多无效的交流讨论最欠缺的正是议事规则和议事流程。

## 一、私董会解决问题的流程介绍

（1）提案。教练让每个会员提交一个"议案"：今天要讨论的话题是什么？要求这些"议案"必须是正在困扰这位会员的真实问题。

（2）表决。由各位会员表决，选出大家都感兴趣的话题，通常以投票方式产生，以得票最多的为准。

（3）阐述。由提出该问题的会员作为"问题所有者"，向各位会员详细阐述自己面对的这个具体问题。阐述问题有标准的格式："我有_____？这个问题是重要的，因为_____。为了解决这个问题，我已经做了_____，我希望小组能帮到我的是_____。"标准句式的作用是为了让问题变得更加清晰，"问题所有者"要用这个句式阐述自己的问题。

（4）提问。由其他会员向"问题所有者"提问，帮助他明确真正的问题，在这个阶段会员只能提问，"问题所有者"也只能就问题做出回答，不得做任意发挥。这个环节很有挑战性，也是最有价值的。教练会引导其他会员不断提问，层层剥开问题表象，抵达问题的本质，挖掘真问题、抛弃伪问题，并让"问题所有者"重新澄清问题。对问题的甄别和澄清往往是解决问题的重要一步，思路一旦清晰了，"问题所有者"就基本找到了答案。

（5）澄清。经过上一轮的问答之后，"问题所有者"修正自己面临的问题。这个时候，问题往往比以前更加清晰、聚焦。

（6）分享和建议。由其他会员向"问题所有者"给出具体可操作的建议，最好是自己曾经亲历的经验和心得。通过会员的现身说法，给"问题所有者"提供一些切实可行的建议，帮助他人开阔思路，找到新的解决方法。通过这种推心置腹的讨论，还能建立信任和友情。

（7）总结。由"问题所有者"对今天的讨论总结陈词，并给出接下来改进问题的步骤和时间表，最后表述自己今天最大的收获是什么，以及未来还有哪些可以改进的地方。

（8）反馈。召开下一次私董会时，"问题所有者"会向同组会员汇报他在过去一段时间的实施进展，并征求下一步的建议。

## 二、用"六顶思考帽"做战略研讨会

曾任 IBM（中国）运营战略首席顾问的白立新博士，为客户设计了一套特殊的战略研讨会方案，受到了客户和同事的认同，后经不断整理归纳，形成三个阶段：**一是创意研讨会（1 天）；二是商业模式研讨会（1 天）；三是关键任务研讨会（半天）。**

笔者在给客户做战略研讨时也运用过白博士的这个方案工具，每次都会产生超出预料的效果。

## （一）第一阶段：创意研讨会（1 天）

### 1. 目标

将分散在企业各处的创意集中、碰撞、筛选，确定 20 个左右的创意方案。

### 2. 方法

各个部门和业务单位将最贴近客户、最熟悉业务、最善于思考的干部和员工推荐给战略委员会，由战略委员会从中选择 20～40 人与企业高层管理者组成"创意大队"。在研讨会期间，"创意大队"将分成四个"创意小组"，每组 5～10 人（注：不同的企业可以根据实际情况配置人数，在分组时要将来自不同部门的人交叉分组）。

创意筛选过程采用"六项思考帽"的方法：

（1）白帽——数据帽：具有中性的事实与处理信息的功能，代表事实和资讯。

（2）黄帽——乐观帽：具有识别事物的积极因素的功能，代表与逻辑相符合的正面观点。

（3）黑帽——谨慎帽：具有发现事物的消极因素的功能，意味着警示与批判。

（4）红帽——情感帽：具有形成观点和感觉的功能，代表感觉、直觉和预感。

（5）绿帽——创造力之帽：具有创造性地解决问题的方法和思路的功能，代表创意。

（6）蓝帽——指挥帽：指挥其他的帽子，控制着整个思维进程，管理事物的整个过程。

### 3．步骤

每个小组按照如下五个步骤，快速提出、筛选、评估创意。在每个步骤中，大家同时"戴上"一个颜色的帽子，这意味着，此时大家用同一种思维方法，从同一个角度思考，以避免"要么我对、要么你对"的争执。

第一步：陈述问题事实（白帽）；

第二步：提出解决问题的建议（绿帽）；

第三步：评估建议的优缺点：列举优点（黄帽），列举缺点（黑帽）；

第四步：根据直觉对各项选择方案进行判断（红帽）；

第五步：总结陈述，得出方案（蓝帽）。

在研讨会后，秘书组将创意筛选结果发给"创意大队"的每位成员，每位成员需要在三天之内将补充建议反馈给秘书组，秘书组整理之后提交给战略委员会，战略委员会从中选择四项核心创意，作为后续商业模式研讨会的内容。

## （二）第二阶段：商业模式研讨会（1 天）

### 1. 目标

将"点"状的核心创意拓展为商业模式的"线"或者"面"。

### 2. 步骤

第一步：统一商业模式定义，商业模式＝盈利模式＋运营模式＋管理模式。盈利模式是指为客户创造价值及客户回报企业的方式（利润隐藏在产业链的薄弱环节中，是客户对于那些弥补了产业链薄弱环节企业的奖励）；运营模式是指企业实际为客户交付价值的过程；管理模式是指企业的内部组织形式。

第二步：寻找可供参考的商业模式素材。

盈利模式素材如中国移动的充话费送手机、吉列的低价刀架高价刀片、远大空调按照"冷热"服务的使用面积收费等。

运营模式素材如联想的双模式、京东商城的电子商务模式、麦当劳的"简单前台标准化后台"模式等。

管理模式素材如 IBM 的矩阵模式、海尔的自主经营体模式、万科的区域管理模式等。

注：盈利模式、运营模式、管理模式，在给客户做战略研讨时会根据客户的业务特点、产业特性、客户类型、发展阶段、竞争对手等做相应调整，特别是因移动互联网、物联网、区块链及人工智能等对整个商业环境的革新影响。

第三步：选择可供参考的素材，与现有商业模式进行"嫁接"。

在这一步骤中，有两个关键点：在每个小组中推举两位"客户代表"，对商业模式的有效性有否决权；在得到

"客户代表"的认同之后，确保盈利模式、运营模式、管理模式彼此协调，实现对客户的价值承诺。

第四步：由小组演示商业模式，"创意大队"打分。

每个小组用 10 分钟呈现自己的商业模式构想，由"创意大队"集体打分；在一天之中，每个小组有三次呈现机会。

在研讨会之后，秘书组将结果发给"创意大队"的每位成员，每位成员需要在三天之内，将补充建议反馈给秘书组，秘书组整理之后提交给战略委员会，战略委员会从中选择最有潜力的两个商业模式构想，作为后续关键任务研讨会的内容。

## （三）第三阶段：关键任务研讨会（半天）

### 1. 目标

确保各职能部门和业务部门执行新商业模式时步调一致。

### 2. 方法

采用"红—绿—黄"标签法。

## 3．步骤

第一步：以部门为单位，分解关键任务，以支持新商业模式的实施，如销售部门决定对客户实行差异化定价、生产部门决定购买柔性生产设备、HR 部门决定调整绩效考核机制。

第二步：每位成员事先被分配 10 张绿纸条、5 张黄纸条、5 张红纸条；大家对上述分解的任务进行现场投票。如财务经理支持对客户实行差异化定价，则拿出一张绿纸条贴在这项任务上；不支持生产部门购买柔性生产设备，则投给他一张红纸条；觉得 HR 的绩效考核方案不清楚，则贴一张黄纸条。

第三步：针对每一项被贴红纸条或者被较多黄纸条质疑的关键任务，由负责人做出解释，决定是否撤销此项提议。

第四步：针对每一项基本达成共识的关键任务，制订后续行动计划，包括负责人、里程碑、资源需求等。

关键任务研讨会是战略专家结合十余年战略实践经验设计的规范流程。企业内部的关键任务研讨会利用"群策群力"的过程，使所有的参与者统一对战略的思考和认识，熟悉战略过程中的关键工具的应用，把战略创意与洞见转化为可以运用的组织体系，通过对关键任务的梳理落实到任务和考核上。关键任务研讨可以提升整个管理团队对于战略的认识，培养战略思维，锻炼战略思考、战略规划、战略分解的能力。这套关键任务研讨的方案工具的确能够产生很多新的洞见和创意，并且能够把部门人员平时的认识和思考都梳理出来，大大丰富了企业战略委员会、核心管理层及战略发展部门的思路。

这个方案工具与私董会不同，在过程设计上要复杂得多，同时引进了战略管理专业的知识体系，在不同阶段采用相应的工具体系，同时对指导专家提出了更高的要求，必须是相应专业的资深专家，可以根据企业的特点提供营销的盈利模式、管理模式、业务模式的参照模型。

因此，相对于私董会，关键任务研讨会设计的方案效果也非常好。如果我们在诸如产品开发、营销方案、研发等交流中能够引入针对性的方法、工具，管理效果一定会得到极大提升。

# 第二节　设计思维在企业运营中的应用

　　意大利、法国的奢侈品基本以惊艳的设计和卓越的工艺持久不衰。索尼公司似乎是真正将工业美学引入企业全系列产品运营的。在乔布斯回归苹果公司后推出了一系列颠覆性的产品，将设计思维真正全面渗透进企业的多个领域。网络技术与移动互联网的发展，引发了借用网络技术结合商业模式的创新设计，创造了一个个商业史的奇迹，如谷歌、阿里巴巴、美团、字节跳动、滴滴出行等。甚至有专家认为新商业价值需用设计思维驱动。

　　享誉国际的创新设计公司 IDEO 总裁蒂姆·布朗在其著作《IDEO，设计改变一切：设计思维如何变革组织和激发创新》中谈到设计思维是一种系统化的创新方法。著名的商业模式画布就是设计思维在商业模式设计中的应用。其实，设计在商业中的应用伴随着商业的产生一直存在，产品定型需要从用户需求开始，到核心功能界定，再到产品原型设计、测试、调整、定型，是完整的设计思维与设计进程管理。企业的组织架构、营销策划、生产线安排、商场的客户流动线及货柜陈列也要经过精心设计,战略规划无一不需要经过精心设计。

所有的设计都是设计师综合运用设计思维,沿着设计流程,合理运用相应的设计工具反复推演的产物。珍妮·丽迪卡与蒂姆·奥格尔维合著的《可设计的增长:管理者的思维设计工具箱》一书中将设计思维的原则转化为可操作的形式,把设计思维中的同理心、创造和迭代融入解决问题过程的四个阶段,方便个人和企业使用。

(1)是什么(What is),探索当前的现实是怎样的。

(2)如果……会怎样(What if),想象一个全新的未来。

(3)让人想要为之喝彩的是什么(What wows),做出决策。

(4)有限的是什么(What works),带我们走向市场。

10 个工具可以在以上四个阶段中应用。

(1)可视化。

(2)用户旅程地图。

（3）价值链分析。

（4）思维导图。

（5）头脑风暴。

（6）概念产出。

（7）假设检验。

（8）快速原型。

（9）用户共创。

（10）学习性上市。

笔者基于十余年的战略咨询和管理企业的体会及优秀的产品经理的工作方式，得出的一个经验就是：越是具有创造力的人，在工作时越是严格遵循规范的设计流程、苛求细节、极其合理熟练地运用相应的创新工具，这是绝妙的创造力的保证。熟悉笔者的朋友经常会和笔者交流企业经营的战略决策事宜，每次笔者都回复"不知道，但我们可以走一遍战略决策过程，看看能得出什么结论"。国内知名摇滚乐队"重塑雕塑的权利"所创作的每一首作品无不是经过规范严谨的创造过程，直至在排练中形成肌肉记忆

后才会安排演出，确保了排练什么样就在演出现场表现出
什么样。

## 管理咨询公司如何解决客户的问题

很多企业都与管理咨询公司合作，互联网的发展使资
讯传播极为发达，网上流传着丰富的管理咨询公司的模
板、模型甚至具体的客户咨询报告，但很少有人通过学习
这些资料成为优秀的咨询顾问，更不用说成长为专家了，
甚至在日常工作中有意识地使用其所看到工具的人都极
少。为什么管理咨询公司的这些资料几乎成了公共知识资
源，但全球范围内的管理咨询公司的总体营收还是保持了
相当可观的增长呢？笔者结合自己多年来的咨询经历，把
管理咨询公司解决客户问题的过程绘成一个简单的示意图
（见图 6-1）。

管理咨询公司拥有一整套完整的为确保客户服务质量
的工作过程。这个过程主要由两大部分组成：知识系统与
项目管理体系。

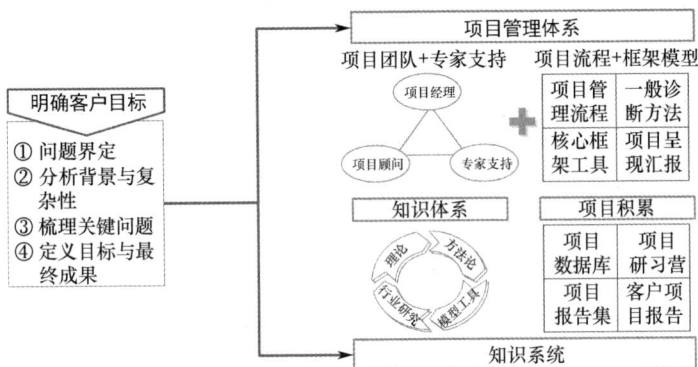

图 6-1　管理咨询公司解决客户问题的过程

## 1. 知识系统

知识系统主要是各个管理咨询公司根据自身定位与专家顾问的优势特点，经数十年积累研究出的各种理论体系及行业发展研究成果。理论体系演化为顾问们在咨询过程中实际应用的管理方法论与相应的分析工具模型，行业研究确保了顾问们能时刻学习行业发展的脉络、行业最新动态及发展的走向；还有全球范围内的曾经咨询过的客户项目报告与项目管理过程文档的数据库，这些资料中可能就有即将咨询的客户之前的相关报告。这些都为项目团队提供了最直接、最有价值的参考资料。规范的管理咨询公司还会在确定项目团队后，开设项目研习营为项目团队执行项目前熟悉相关项目。

## 2. 项目管理体系

项目管理体系由专家与团队组成。国际性管理咨询公司可以在全球范围内调配专家为项目团队提供支持，庞大的顾问团队确保有质量及数量保障的顾问执行客户项目。但笔者认为确保项目质量的关键还是规范的项目管理流程与在项目中如何合理应用相应的管理工具。

# 第三节　流程、工具可确保水平线以上的创造性

通过以上几个对不同情景的问题的解决方式，你能否发现，他们都具有一个规范的、沟通人员必须严格遵守的议事流程。特别是私董会，根本没有在各流程环节中引入相应的决策分析工具，只是由教练引导会员和管理进程，就产生了远比随意交流讨论好得多的效果。

亚马逊的会议就是通过规则、流程、格式的改变，在管理过程中发挥了极具价值的作用，被称为亚马逊成功管理的典范。

如果在交流过程中引入相应的方法工具，会令沟通发挥出意想不到的价值。如丰田经典的"五个为什么"，丰田前副社长大野耐一曾举了一个例子找出了非正常停机的真正原因。

◇　问题一：为什么机器停了？

答：因为机器超载，熔丝烧断了。

◇ 问题二：为什么机器会超载？

答：因为轴承的润滑度不足。

◇ 问题三：为什么轴承的润滑度不足？

答：因为润滑泵失灵了。

◇ 问题四：为什么润滑泵会失灵？

答：因为它的轮轴耗损了。

◇ 问题五：为什么润滑泵的轮轴会耗损？

答：因为杂质跑到里面去了。

经过连续五次问"为什么"，才找到问题的真正原因和解决的方法——在润滑泵上加装滤网。

虽然没有数据证明头脑风暴一定比独自决策更具创造性，但完全依靠灵感与突发奇想的创造性是完全靠不住的。无数事实都证明了，创造来自持续沿着规范的流程进行思考，经不断的构建与调整而形成。如果希望找到创造性地解决问题的方法，应该在交流讨论时引入相应的规范流程，交流者们都必须沿着这个流程进行交流，等流程规范之后，交流参与者就可以在相应的流程中加入对应的工具，然后运用相关工具提升创造的有效性。当然这个交流过程可以是单人的、双人的也可以是多人的。

本书并不是探讨如何界定问题与决策的，也不能通过这么短短的一章内容完整阐述决策的流程与方法。但通过几个例子来说明，要创造性地解决问题一定要在交流讨论问题时引入相应的流程，在这个流程的基础上引入一些简单工具就可以使结果得到极大改善。不要把时间浪费在学习如何提升交流的技巧，以及如何创造性地提问的方法上。凡事找到基准线最重要！

# 沟通 2131 法则之 1——
# 作用于一个过程

　　本书开篇就谈到沟通是管理者介入管理的唯一方式，管理者应在日常工作中合理地介入管理行为，行使管理职能，实现经营目标。前文提出了沟通要遵循两个前提、坚持一个原则、把握三个环节的方法，但如果不能合理地运用到实际工作中，也没有任何意义。

# 第一节 企业目标达成是分流程的成功串联

制作一套西装需要四大工序，细分为 300 多道小工序，任何一道小工序不合格，这套西装就成了不合格产品。如图 7-1 所示，企业中所有的工作都可以视为项目，包括项目确立、项目计划制订与确认、项目实施与管控、项目交付与验收等一系列过程。要实现项目验收与交付，必须圆满完成项目过程的每一个阶段，如果过程中的任何环节出现断档，必然会影响项目按计划交付，甚至直接导致项目失败无法交付。

图 7-1 企业中的工作都可以视为项目

欧洲管理学大师弗雷德蒙德·马利克在《管理：技艺之精髓》一书中提出：计划实施进程必须处于监督和控制之下。这原本无可争议，然而一部分所谓从事现代管理培训的人却拒不接受这一点，到处散布摒弃控制的谬论，笔者从这类论调里找不到任何一点积极因素，因此建议各位无论如何不要盲从。

成功是过程的串联。要确保实现成功的串联，管理者不能潇洒地对下属说只要结果，过程怎么做不重要。在管理中要对员工充分授权，最大限度地发挥其创造性和能动性，正如马利克教授所说的，这种创造性和能动性必须处于管理者合理的监督和控制之中。讨论控制的必要性和为什么是毫无必要的，关注点应该是如何监督、如何控制，以及监督什么、控制什么。

# 第二节 "抓而不死、放而不乱"的管理手段

## 一、松下幸之助的"60/40 原则"

在实践中，管理常因各种各样的原因在两个端点上来回切换，要么控制过度、要么放任过度。控制过度时，员工自主性会受到极大限制，并可能进一步限制了其创造性，使员工沦为机械式执行工具，时间一长就会彻底失去主动性和能动性，影响公司的活力；放任过度时，员工又会完全根据自己的理解进行工作，对于工作结果和目标是否能够达成毫无把握，是否按照价值规则与既定的目标执行工作任务都完全不清楚，工作的成败完全基于员工的自由发挥，工作效果没有保障，部门或团队大多数情况下是一盘散沙，几乎没有团队竞争力。

这是管理中典型的"一抓就死、一放就乱"的情况。过度控制与完全放任都不可取，很多管理者都在不断寻找

如何能够实现控制与放任之间的平衡。松下电器的创始人松下幸之助先生经过长期的实践总结，提出了授权管理的"60/40 原则"，即放手让下属去做 60%，管理者们控制40%，这样既能让下属发挥主观能动性与创造性，又不至于使他们完全脱离控制而发生重大的失误。

松下先生提出的"60/40 原则"大致包括以下的内容。

（1）了解下属，确信他是称职的、有能力的，能做好委派给他的工作。

（2）不能全部授权，而应该一步步地、逐渐地给下属权力。

（3）当下属工作时，及时纠正他们的错误、表扬他们的成绩。

（4）在下属遇到困难的时候，确保你能够及时进行协助与提供支持。

（5）在出现问题的关键时刻，能够及时介入，避免可能出现的错误。

## 二、支持关键点、控制里程碑

管理要以过程保障结果、以结果检验过程。在此以我国首颗探月卫星"嫦娥一号"的发射过程来说明如何合理地在过程中介入管理（见表 7-1）。

"嫦娥一号"要实现绕月探测需经历四个里程碑——发射入轨、调相轨道、地月转移轨道、绕月轨道。第一阶段经长征三号甲运载火箭发射，经三次加速进入近地轨道；第二阶段为调相轨道，修正中途轨道的误差；第三阶段为地月转移轨道，开始再次制动；在最后一个阶段进入绕月轨道。

在整个过程中，要顺利进地入下一个阶段就一定要经历关键点：第一阶段要完成三级火箭依次成功点火，把卫星成功送入近地点约 200 千米、远地点约 51000 千米、运行时间为 16 小时的轨道，成为一颗绕地球飞行的卫星；第二阶段，在绕地球飞行过程中，依靠"嫦娥一号"自身的控制系统与推进系统来实现三次加速变轨，当卫星再一次抵达近地点时，主发动机打开，卫星的速度在短短几分钟之内

表 7-1 我国首颗探月卫星"嫦娥一号"的发射过程

| 里程碑 | 阶段一 | 阶段二 | 阶段三 | 阶段四 |
|---|---|---|---|---|
| | 发射入轨 | 调相轨道 | 地月转移轨道 | 绕月轨道 |
| 关键点与时间 | 长征三号甲运载火箭在发射"嫦娥一号"卫星时，通过一级、二级和三级火箭的第一次点火，先将卫星送入近地轨道，并在近地轨道滑行飞行一段时间<br><br>在火箭起飞的第 1249 秒，三级火箭第二次点火；第 1373 秒，三级火箭第二次点火，发动机关机<br><br>第 1473 秒，星箭分离成功，嫦娥一号卫星进入近地点约 200 千米，远地点约 51000 千米，运行时间为 16 小时的大椭圆轨道，成为一颗绕地球飞行的卫星 | 16 小时轨道，近地点约 200 千米，远地点约 51000 千米<br><br>24 小时轨道，近地点约 600 千米，远地点约 71400 千米<br><br>48 小时轨道，近地点约 600 千米，远地点约 121700 千米 | 卫星在地月转移轨道上需飞行 114 小时，实施两到三次轨道修正 | 12 小时轨道<br><br>3.5 小时轨道<br><br>200 千米轨道 |

提高到 10.916 千米/秒以上，进入地月转移轨道，真正开始了从地球向月球的飞行；在第三阶段的奔月飞行中，卫星在接近月球时"刹车"，靠月球引力进入月球轨道；进入第四阶段绕月飞行，再经过三次制动降速直至进入离月球表面 200 千米的绕月轨道；嫦娥一号卫星所携带的 CCD 立体相机在传回第一张月球照片作为绕月成功标志后，才算是实现了"嫦娥一号"的成功发射。

　　航天航空科学家把"嫦娥一号"的整个发射过程分解为四个关键阶段，在每一个阶段的实现过程中有几个明确的点火、入轨、加速、制动等步骤，然后通过程序设计控制这些关键步骤需要的相应指令，顺利完成每一个步骤，最终实现绕月探测。进入每一个阶段都是一个里程碑，这些里程碑能否实现的关键是上一个阶段中的几个步骤能否实现，这些点火与变轨等步骤就是每个阶段的关键点。科学家在整个项目过程中就是通过对每一个关键点的指令介入，实现卫星相应的速度与变轨的调整。每一个关键点的顺利实现，保证了四个里程碑的顺利达成，圆满完成"嫦娥一号"的发射。

　　在沟通 2131 法则中，一个过程是指整个工作完成的过

程，可以是一件事情，也可以是一个项目。项目过程分为
几个阶段，每个阶段又可以分为若干步骤，简化一下就是
六个字：横分解、纵分步。在每一个阶段都需要设定一个
阶段指标也就是里程碑是否达成的标准，而评定能否达成
通常会有一些关键点。在一个项目或任务的完成过程中，
有若干个关键点和里程碑。管理者需要针对这些关键点和
里程碑介入沟通的三个环节——"说、听、问"，也就是管
理者与被管理者在管理过程中需要沟通交互的触点。整个
管理过程就是通过对一个个触点的介入管理，确保任务目
标的顺利达成。

## 三、介入管理

通过发射"嫦娥一号"的这个案例可以看出，无论是
一件小事，还是极其复杂的卫星发射都可以视为项目，都
要通过控制里程碑和支持关键点的方式来施以管理，从而
保障项目目标的顺利达成。

企业运营与项目管理都建立在相应的流程上，流程由
四个基本要素组成：作业、作业逻辑关系、作业方式、作

业人。任何作业都会消耗相应的资源与资金，作业方式涉
及相应的技能。如何设定作业点、各个作业点之间的逻辑
关系如何、作业方式如何设置，以及负责作业的人如何选
择、考核、激励，这些都是专业层面的事宜。假定这些事
宜在管理运营层面已经处理过了，应把交流集中为管理者
如何通过沟通的方式及如何组织沟通内容与作业人进行沟
通。如图 7-2 所示为项目管理周期与流程。

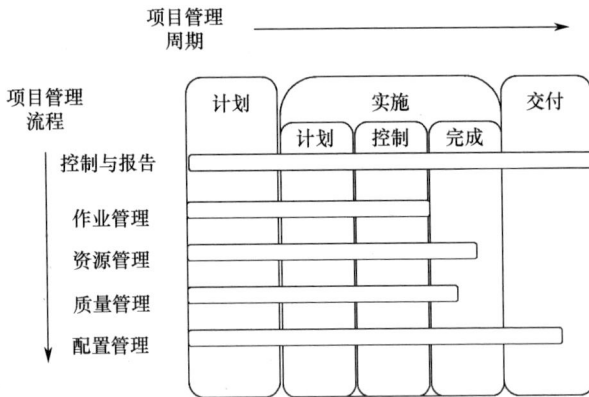

图 7-2　项目管理周期与流程

## 1．关键点：作业、人、资源、资金

管理就是把握方向与关键点。方向是为实现经营目的
和达成任务目标而实施的，也就是做正确的事情；关键点

就是如何保证高效准确的实施。

在管理过程中，如果管理者随时注意工作的计划与实施过程的每个细节，不仅浪费精力与时间，也完全没有必要。事实上，管理者只要把握住了关键点，也就控制住了全局。在关键点上介入管理，是指管理者依据工作计划尽可能选择影响工作成效和目标达成的主要的作业点，以及这个作业点所需要的作业责任人的技能、投入。在资源、资金等关键要素上介入管理，介入越及时、越合理，对工作目标的达成越有效。

选择与识别这些关键点的能力，确实具有一定的难度。还有人称其为管理工作中的一种艺术，那是因为关键点既具有绝对性又有一定的相对性。

所谓绝对性客观存在的关键点，如辽沈战役中的锦州，产品开发中的核心功能及实现核心功能的 MVP（最小可行性产品）的界定、销售对客户需求的分析等，都是在达成一项工作或计划实施中的关键点，这个点对于整个工作与计划的影响程度而言，解决好了就能够顺利推进计划，甚至可以决定计划的成败。管理者对这种具有决定性的关键点，一定要进行介入管理。

所谓相对存在的关键点，是相对于具体的业务责任人而言的。如第一次独立处理工作时，责任人多次在某个关键点上出错，说明责任人在行为决策上有顾虑。需要注意的是有些时候绝对关键点和相对关键点会一并出现。

在实际管理中，关键点还可以做简化界定。针对工作计划展开的"横分解为阶段、纵分级为步骤"，关键点可特定为影响关键步骤顺利推进的关键作业点。通过对这些关键作业点的管理介入，各个计划阶段的顺利推进使整个计划得到合理有效的管理，保障了设定目标的实现。换句话就是，关键点管理就是对在各阶段步骤中的关键作业点的管理。

顺利处理流程中的这些关键作业点，就需要作业人掌握相应的工作技能，并且获得足够的资源、资金、工作工具等要素支持。大多时候还涉及与企业内部其他部门同事，以及企业外部合作伙伴共同协作，满足客户所提出的相关要求等。

并不是每个作业人都能处理好这些关键作业点，而这些关键作业点是否得以有效解决，直接关系着整个工作过程的质量、效益、成败，这时作为管理者就一定要介入管理，向作业人提供相应的指导，支持并协助作业人处理好这些关键作业点。

管理者需要根据作业人的实际情况为其提供信心鼓励、技能指导、资源与资金等要素的配置保障、部门协调等。

（1）评估作业人是否具有解决关键作业点的所需技能。

（2）提示作业人在解决关键作业点时需要注意的事项。

（3）询问资源、资金、设备等要素是否到位。

（4）询问作业人是否协调好了与相关部门、供应商的协作。

（5）观察作业人在解决关键作业点时的表现与行为，以便适时介入合理的支持。

### 2．里程碑：时间、质量、成本、指标、对标调整

在制订项目计划时，通常会对计划进度时间表上具有明确标志性的阶段设定一些重要的检查点，在执行过程中用这些重要的时间检查点对整个项目进程进行检查和控制。这些重要的时间检查点被称为项目进程中的里程碑。

里程碑一般是项目中完成阶段性工作的标志，标志着上一个阶段结束、下一个阶段开始，将一个过程性的任务用一个结论性的标志来描述，明确任务的起止点。一系列的起止点就构成了引导整个项目推进的里程碑。里程碑定义了当前阶段完成的标准（Exit Criteria）和下一新阶段启动的条件和前提（Entry Criteria），并具有下列特征。

（1）里程碑的层次性：在一个父里程碑（横分解的阶段）的下一层次中定义子里程碑（即纵分级的子步骤）。

（2）不同类型的项目，里程碑可能不同。

（3）不同规模的项目的里程碑数量不一样，里程碑可以合并或分解。

项目管理的三要素：时间、质量和成本，对于项目进程的里程碑同样适用。里程碑在三要素的基础上，还要更多地关注这三个要素的指标是否与计划中的阶段里程碑设定的指标一致，环境是否有所变化，对标里程碑指标各要素，决定是否对项目计划做出调整。

里程碑各指标是否顺利达成了？设定的进程是否延期或提前了？支出的成本费用是否超支或有结余？如果这三

项都没有问题，就可以顺利进入下一个阶段。如果有了出入，就需要管理者与下属一起分析原因；如果出现了一些意外因素，就需要评估在下一阶段是否做出相应的调整，以确保最终目标能够顺利达成。

开始推进项目下一阶段之前，管理者需要就这一阶段的子步骤中的关键点与下属进行沟通：士气是否需要激励，关键点的技能，注意事项，资源、资金、设备等要素配置状况。如此循环，在项目进程中适时合理地介入管理，争取项目能超越目标达成。

# 第三节 项目中的沟通循环："2—1—3" "2—1—3" "2—1—3"……

所有事项都可以被当作或大或小的项目对待，如图 7-3 所示，把项目横向分解为若干阶段，为各阶段设立明确的里程碑和相对应的指标。每个阶段里程碑的达成再分解为几个关键步骤，各步骤的事项存在相应的关键点。管理者在项目目标实现过程中围绕这些关键点、里程碑适时介入管理，确保项目顺利实施与项目质量、成本、时间可控。

发起沟通者在每个介入管理的关键点上，都要重复运用沟通的"2—1—3"三个步骤与被沟通者进行沟通。基于一个个关键点的"2—1—3"沟通循环贯穿项目进程的各个环节。

一旦介入项目进程，沟通就在一定程度上被约定了。每一次发起的沟通所要讨论的事项，无论是关键点还是里程碑都被项目进程限定。同时，标准必须遵循项目的目标约

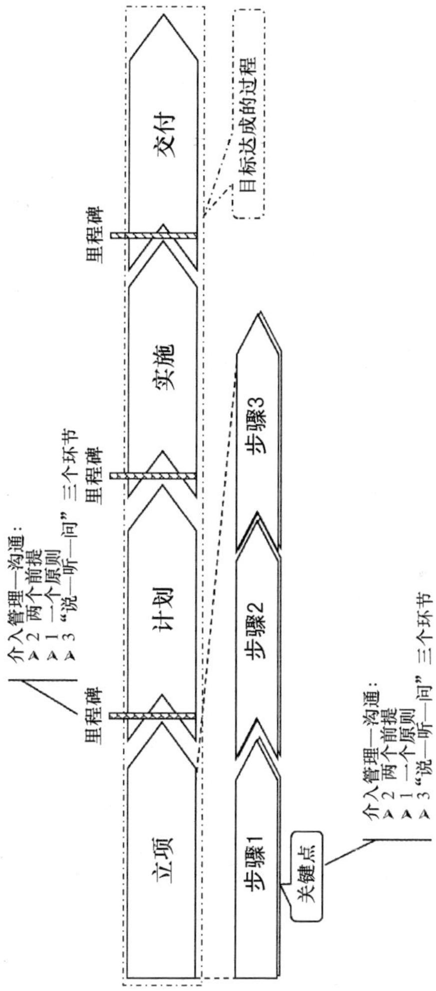

图 7-3　为项目各阶段设立明确的里程碑和指标

里程碑　里程碑　里程碑　里程碑

介入管理—沟通：
2 两个前提
1 一个原则
3 "说—听—问" 三个环节

立项　计划　实施　交付

目标达成的过程

步骤1　步骤2　步骤3

关键点

介入管理—沟通：
2 两个前提
1 一个原则
3 "说—听—问" 三个环节

束，一切都为了达成目标服务；对原则的支持与协助，融合了项目需求与作业人的特性，提供技能指导、信心激励，协调资源、资金、关系的配置。"说—听—问"是为了高效完成所介入的关键点，为顺利进入下一步骤或阶段服务。

本章接下来的部分将通过三个案例展示如何在项目进程中进行有效沟通，需要注意哪些问题。"2—1—3"三个环节在工作中如何限定事项、约定标准，支持与协助的基点如何寻找，"说—听—问"如何顺利达成一次沟通目标并使沟通进程顺利进入下一阶段。

### 案例：产品详情页的上线

电子商务盛行的今天，最普遍的工作之一就是把产品详情页顺利上线，并产生预期的销售业绩。什么样的产品详情页是合格的，即用什么标准来评判，一句话概括就是浏览量与下单量的比越高该产品详情页的质量越高。产品详情页就一个目的——实现销售转化，用高的销售转化率来评价其优劣，通过内容、图片、色彩、文宣的逻辑递进关系触发用户的购买行为。之前所有的站内关联导流、站外活动、站内活动、购买的点击、坑位等所获取的流量，如果没有通过产品展示主图与滚动轮播图诱发用户点进详情页浏览，那么之前所有的投入全都白费了。用户点击浏览但没有有效地通过最能打动用户的六张图片触发用户的购买行为，那产品详情页设计就是失败的。

到了准备产品详情页阶段，产品上架调研、产品定价、用户群体及竞品分析等都已经讨论确定过了，这里我们就设定为没问题。产品详情页的上线确定通常分为四个阶段：详情页策划、文案与图片设计、详情页排版、测试与上线。管理在这四个阶段中都要介入，每个阶段的完成就是实现了阶段性的里程碑，阶段的主要制约作业点就是关键点。

## 1. 详情页策划

策划案中的故事能否引发某种情感共鸣，故事的结构关系是否合理，倾诉点是不是核心用户最关注的，关键点主要有两个：用户的核心诉求是否提炼到位，故事设计的情感关系能否促进情绪递进并触发情感共鸣。

## 2. 文案与图片设计

要在策划案中提炼用户核心诉求点与情绪递进关系，

可先提炼出六个短语，再根据这六个短语选择最适合的图片或设计最适合的情景图片。之所以是六个短语，是因为用户浏览详情页时最感兴趣的就是前面的六张图片，如果这六张图片及文字没有打动用户，用户基本上就跳转流失了。关键点就是短语的提炼和短语间的情感关系，并找到了相应的图片。为什么一直强调策划案的故事性和短语提炼的情感关系，是因为所有的销售都是为了实现引导用户从理性选择到冲动性购买的惊人一跳。换句话说，所有的冲动购买都是非理性的决策，是用户触发了情绪的选择。

### 3. 详情页排版

管理者一般关注的是文字、图片、色彩的搭配，但在这个方面美工更专业。管理者除了检查文字错误和明显的突兀感之外，详情页排版这部分的工作应交给美工和产品经理。

### 4. 测试与上线

在产品详情页正式上线前，管理者应对拿不准的几个地方多设计两稿。通常为 A/B 稿，或者 A/B/C 稿。然后做个小范围的测试，看看在真实用户及小范围测试环境下哪一稿效果更好，最后就确定用哪一稿。这一阶段的关键点是用户选择和情景测试，根据测试效果数据决定哪一稿上线。

笔者从 2013 年担任职业经理人时尝试电商业务，持续做电商销售直到 2018 年，管理逻辑就是基于对以上的四个阶段和每个阶段若干关键点的介入展开的。设定最终目标的标准，然后根据标准分解到每个阶段进行指标倒推，再分析每个步骤要实现这几个倒推的阶段指标必须做什么、怎么做，最后与作业人进行有针对性的沟通。这个管理过程实际上一直坚持运用了沟通 2131 法则。

### 案例：基于 AARRR 模型增长管理

近十余年来，由于互联网公司所创造的指数级增长现象，几乎所有企业都在效仿这类企业的用户增长方法。最早由戴夫·麦克卢尔(Dave McClure)提出了一种业务增长模式——"海盗指标（AARRR）"，如图 7-4 所示分别为对应着用户成交的五个阶段：获取—激活—留存—变现—推荐。

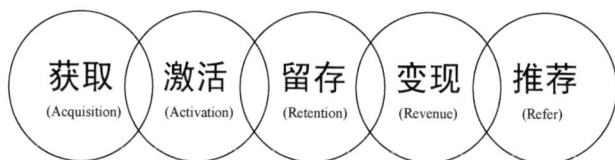

图 7-4 "海盗指标（AARRR）"的五个阶段

很多企业拥有非常优秀的产品，但是市场销量就是上不去，从根本上讲就是没有应用"海盗指标"工具，虽然这套工具与销售漏斗相比没有本质区别，但前者在实际操作中结合了互联网要素，更加注重用户的感受、网络传播的特点，以及精确的数据分析，找到各阶段的数据变化，根据数据再对增长进程提出改进措施。

任何好的管理方法与管理工具，如果没有管理者的管理介入与机制的激励也是不能创造出良好业绩的。管理者在企业成长过程中除了要关注每个阶段的数据之外，还要督导增长操作团队基于数据提出相应的措施，并督促在下一轮循环时改进，再根据数据采取相应的措施。用户的增长就是在这持续的管理介入中不断达成的。

传统产品如何利用增长模型和网络特性实现业绩的增长，基于这个模型在日常管理中如何操作。笔者除了关注阶段的数据变化之外，主要还关注三点：第一，基于产品的互联网传播特性设计；第二，获取用户的渠道选择、筛选与数据对比；第三，推荐逻辑的设计和实际数据。介入这三个关键点，参与团队讨论。

传统产品没有互联网产品那样的易传播性，要是传统产品事先裂变就一定要基于产品特性与企业特性设计出一些能通过网络快速传播的方式。目前，很多企业采用基于各个平台宣传、直播、发表短视频等方式宣传产品，如果能把用户推荐也一并设计进来就更好了。如众多酒企投入重金打造的基于独特的生产环境、古坊、工艺等沉浸式营销模式，就很好地结合了用户体验，用户通常会主动发朋友圈宣传，甚至会与朋友探讨独特的酒文化体验。管理者在此应主要关注两个关键点：与互联网结合的设计和如何触发用户使用后的推荐。

关于渠道选择就一个要求：精准集中。渠道找错了，所有的投入都没有意义。如果用户集中度不够，会导致投入产出比失衡，转化率不理想。

在推荐逻辑的设计这个环节，很多人设计了转发优惠、返券、积分等玩法，但如果推荐设计不能触及用户内心，用户转发就是被驱动的，而不是自驱动的。如拼多多初期设计的拼单分享，很多朋友在分享后都会附上一句"打扰、不好意思"之类的话。打折、优惠都不是真正诱发用户主动分享推荐的主因。如一个少儿活动中心的设计，通过摄影记录下孩子在游戏过程中的专注、快乐的瞬间，在孩子离开时将打印好的现场照片与照片电子版一并给孩子的妈妈，或通过设立奖项给在游戏中得奖的孩子举办授奖仪式，妈妈拿到现场照片或看到孩子被授奖时的快乐，不仅提高了她带着孩子再次光顾活动中心的意愿，还可能促成她第一时间把孩子快乐的照片发到朋友圈分享。这种内心深处的情感是推荐逻辑设计最需要关注的，也是管理者介入时对设计的要求。

以上两个工作情景是单一的项目团队在目标实现过程中介入管理沟通的解读，接下来我们通过华为制定战略与执行战略过程的示例，来看看华为是如何管控整个公司所有部门、所有人的。华为的战略管理体系庞大、完整，是华为一切运营所遵循的基本管理流程体系，本书也只是对其做一个简单介绍，无法完全进行解读，仅希望通过对华为战略管理体系的流程的介绍，让大家理解企业中小到一个用户成交、大到贯穿整个企业从战略到绩效的系统运营，都是可以遵循项目管理流程进行的，每个子流程的结果就是下一个子流程的前提和要素，管理沟通就是沿着这个流程，对事件、前提、要素、行为人、目标、结果不断推进的。

### 案例：华为战略管理体系

成功的企业都是从战略洞察到绩效管理，一以贯之。华为战略管理体系的系统性建设始于 2002 年引入美世 VDBD 模型，2004 年引入战略地图解码工作坊，2006 年引入 IBM 公司的 BLM 模型，经过十多年的实操打磨和优化，华为逐步完善了业务领先战略模型，现已形成全公司中高层用于战略制定与执行连接的方法与平台——华为战略管理的流程框架 DSTE（以下简称 DSTE）。

DSTE 以年为单位，不间断地动态管理过程，包括战略洞察、战略制定、战略解码、战略执行与评估。DSTE 是端到端的战略思维模型，它是编制中长期战略规划、制订年度业务计划的流程，具有执行、监控、评估功能的统一流程框架和管理体系。即在战略制定环节，输出市场洞察报告、战略意图和目标、业务设计；在战略解码环节，输出战略举措、关键任务、年度目标；在战略实施和监控管理环节，重点布阵点兵，进行目标纠偏，进行流程化组织管理；在战略评估环节，输出组织绩效 KPI 及个人考核 KPI。

DSTE 包括战略规划、年度业务计划与预算、管理执行与监控三大循环，是华为各级管理者开展管理工作的主要流程。其把 SP（战略规划）、BP（战略解码）、述职、全面预算、人力预算、KPI、PBC（个人业务承诺计划）进行有效集成，并进行集团层面及各 BG、SBG、区域、功能领域中长期发展的目标、路径、关键业务设计及重要举措的选择和决策，是与管理层驱动、聚焦关键战略问题、年度循环、执行闭环有关的规范化活动；保证企业及各业务单元的中长期战略目标与年度资源预算和滚动计划一致，确保各业务单元协调一致，使战略管理例行化、日历化。华为一般于每年 4 月份启动战略规划周期和日常开展的战略专题研究两个层面的战略运作与管理，集团及各 BG、SBG、区域、功能领域遵循统一的日历和方法（见图 7-5）。

战略规划是指企业在每年的 4—10 月，采用 BLM 来编制中长期的业务发展战略规划。战略规划获批并发布后，企业进入年度业务计划与预算循环。每年的 9 月底至次年 3 月，企业指导各级部门完成下一年度的业务计划和预算。管理执行与监控循环的例行开展，将确保 SP/BP 闭环的形成。

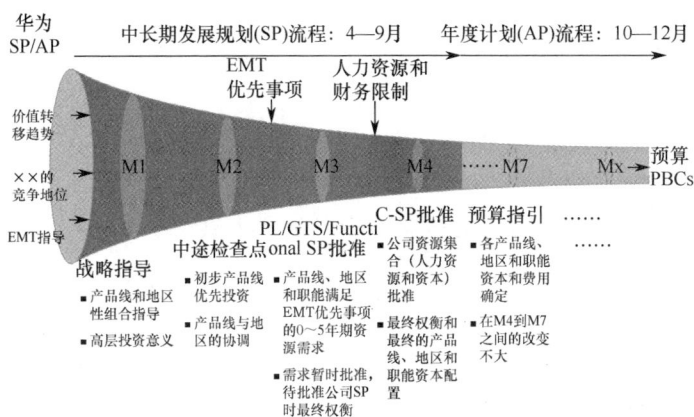

图 7-5 华为 DSTE 战略管理流程

在做战略规划前，华为一般会发布企业层面的战略指引。战略指引由 SDC（战略与发展委员会）、FC（财经委员会）、HRC（人力资源委员会）提议，经公司董事会批准，在每年战略规划的初始阶段发布。

战略指引是指导性文件，它基于对未来的假设和预期，提出企业未来的发展方向和目标，以及面临的关键挑战与问题。这些问题需要各业务单元在战略规划中进行解答。战略指引的对象包括集团、财经、HR 及 BG 区域、SBG 和主要 FU。

董事会战略与发展委员会办公室通常于每年的 5—9 月

联合各 BG 的战略规划部，组织集团层面的 BG 战略务虚研讨会。参考 CEO 的行程安排，研讨会将持续 1～2 天。届时，集团 CEO、SDC/FC/HRC 主任、BG EMT 核心成员将受邀参加会议。战略务虚研讨会针对各个 BG 的中长期战略问题进行研讨，充分听取 CEO 给出的指导意见，输出 BG EMT 的战略决议，形成对 BG 的战略指导。

编制战略规划后要执行落地，而要保障落地的效果，公司必须进行战略解码（BP）工作。战略解码是通过可视化的方式，帮助执行层理解公司战略、寻找与自身的关系的过程，将企业的战略规划转化为全体员工可理解、可执行的行为的过程。战略解码工作是保障战略得以执行和落地的重要手段，确保企业形成"战略意图—业务设计—中长期目标—关键措施—PBC、KPI 及预算目标制定—业务执行—效果评估与考核"的闭环管理。为了支撑企业的可持续发展，华为战略与发展委员会通常要求各业务部门开展战略解码工作，即提升战略执行的有效性；要求各管理团队致力于高绩效团队建设，围绕战略进行解码和闭环管理。各 ST 管理团队主任是战略解码和执行落地的第一责任人，负责组织各自团队开展高绩效活动。各 ST 管理团队使用 BLM 开展战略制定，并实践战略解码与高绩效团队建设引导方法 BEM（业务战略执行管理），来保障战略的有效解码和执行落地，明确重点工作和责任人，将其纳入 ST 例行议题进行管理。战略规划部和质量运营部为上述工作提供方法和工具，负责引导、组织支撑工作。战略解码覆盖了各 BG/SBG 和区域，BG 覆盖 BG 和 BU 层级，SBG 覆盖主要业务组织，区域覆盖地区部、代表处和大 T 系统部，其他功能领域如人力、财经等部门也要参照执行。战略解码的过程就是战略对齐、战略落地的过程，要求定量管理、用数据说话。

战略解码的产出是指为了支撑战略必须要完成的关键任务是什么，以及这些任务分别都与哪些人有依赖关系。解码包括几个核心的点：一是找到关键任务，关键任务就是"战术"；二是要与当前的组织能力结合起来，把任务落实到相应的组织和责任人身上，使之具体、可衡量、可达到、具有相关性、具有明确的截止期限。经多次解码，从企业分解至各个 BG/BU，从各个 BG/BU 分解至各个产品，最终分解到各个部门的关键任务上。

战略实施和监控管理属于日常经营活动。经营就是通过不断地运行流程，找出其中的瓶颈、约束环节，并实现突破。在这个过程中，企业需要落实三个非常重要的工作。第一个工作是财务核算：因为企业经营需要使用商业语言，而财务数据就是真正验证经营结果、弥补差距的关键证据，所以企业的一个重要工作就是做出清晰的财务核算。第二个工作是复盘：复盘的原因可能是前期信息不全、组织能力不匹配、执行结果没有达到预期等；由于外部环境、竞争对手和客户的需求发生了变化，企业需要动态调整，这也是复盘的原因。第三个工作是发挥组织能力：组织能力就是让企业的业务流程实现各个环节的有序协作，无须过多人为干预。

战略评估就是绩效管理，用市场结果验证战略的执行情况，然后"论功行赏"。如果实际结果跟前期的差距分析不完全匹配，可通过战略复盘来发现问题、及时纠偏；即便结果与预期相匹配，也要通过复盘不断迭代，提升长期战略能力。

华为强调结果导向：一切以结果来说话。战略评估的目的是审视最终市场结果、市场产出、用户评价，是否与前期的差距分析和战略意图保持一致。

很多企业的绩效管理和战略管理是脱节的，在组织纬度的层面上做绩效，在核心层面上做战略，这造成评价机制不一样。绩效管理要围绕战略目标是否达成、战略落地而展开。

DSTE 是以客户为中心打造的价值创造体系，是华为领先发展的核心要素。华为就是通过 DSTE 把董事会、CEO、各集团及各 BG、SBG、区域、功能领域、BG/BU、产品、关键任务及每个华为人全都纳入企业体系中。把企业的战略洞察通过层层解码，转化为每个华为人的工作，把战略目标不断分解并落实的每个华为人的 KPI 指标上。华为的这套战略管理体系体现了企业战略管理的整个过程，在这个过程中每个阶段的产出就是下一阶段的输入，通过战略管理部门的主持、协调、推进，将企业战略规划转化为全体员工可理解、可执行的行为。从以上的案例分析及管理体系来看，本书所提出的沟通 2131 法则与华为战略管理体系的逻辑是契合的。

沟通 2131 法则的"一个过程"是指整个工作完成的过程，我们可以把工作看作一个项目。这个项目过程分为几个阶段，每个阶段又可以分为若干步骤，也就是关键点和里程碑，简单来说为六个字：横分解、纵分步。每一个阶段都需要设定一个阶段指标也就是里程碑是否达成的标准。管理者针对关键点和里程碑介入管理行为，也就是沟通行为，这些介入点称之为管理者与被管理者在管理过程中需要沟通交互的"触点"。整个管理过程就是由一个个管理触点构成然后实现目标任务的。

注：本书华为战略部分内容，参考文献为何绍茂先生的著作《华为战略财务讲义》。

# 建立组织沟通规则

这一章不涉及任何沟通的方法和技能，主要叙述沟通在管理中的认识，有助于提升企业的整体运营水平。

沟通，在管理中到底应该放在一个什么层面来认知呢？从本书的序言中就把沟通作为管理者介入管理的唯一方式提出来了。细心的读者会发现，第七章中提到的"华为战略管理的流程框架 DSTE"已经不再是一个简单的管理介入方式了，从单次的沟通到完成一个事件连续过程的沟通，在一个组织或一个企业系统运营体系的框架中协同运转。

我们再来看看欧洲著名的管理大师和管理教育家弗雷德蒙德·马利克教授在其著作《管理：技艺之精髓》中对

沟通的解读。

马利克教授解读了管理作为一种职业应具备的基本要素，以及这些要素在发挥协同作用的必要逻辑时所做的有效性管理的标准模式，如图 8-1 所示。他是这样描述沟通的：沟通是一种重要的媒介手段，在知识社会里尤其如此。虽然这也是被人们挂在嘴边的话题，但大多数人对沟通的理解其实并不深入。控制论的出现使我们对沟通的认识有了突破性进展，但这种突破却没有大规模地投入到实践中，为更多的人所知晓。只有一个特例，即斯塔福德·比尔的"统整方法"，如今已经得到了应用。"统整方法"是一个经过缜密的数学推论证明的最优化的沟通流程，当遇到复杂问题时，通过对相关知识的合理运用，可以在尽可能短的时间里使大多数人的意见导向一致。这一点已经在千千万万的实例中得到了验证。"管理任务"部分又对沟通做了补充解读：我们试着换个角度看待沟通，即不把它作为一项管理任务，而是视为一种实现管理任务的媒介和手段。这样，我们对沟通的理解就更加透彻了。在此用货币来做个类比：企业运营需要用到货币，处处与货币打交道，此处的货币起到的是媒介或流通工具的作用。企业中信息和沟通（当然，两者之间还是有区别的）的作用也是如此。沟通本身不能成为一个独立的目标，必然要为了某个目标而沟通，如为了做出更好的决策或为了编制预算等。这些任务的完成都离不开沟通环节，但沟通本身却不是管理者的职责。

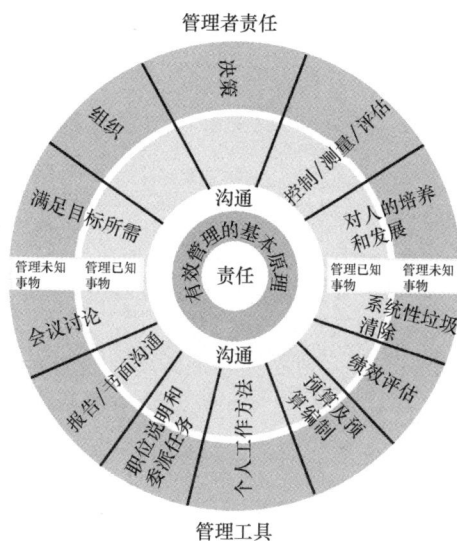

图 8-1　管理有效性的标准模式

# 第一节　从组织系统与组织语言层面看待沟通

沟通是在人与人之间发生的，所以大多数对沟通的研究与培训侧重于沟通之间的人。特别是人力资源管理在企业发展中的作用与日俱增，知识型员工的比例不断提升，技能型员工基本全面替代了简单劳动力员工。在很多专家的推波助澜之下，"管理是主要或专门针对人的管理"的观点广为流传。然而，从亚当·斯密在《国富论》中提出分工协作开始，无论是之后的经济学家，还是如马克思·韦伯这样的社会学专家都是基于组织与社会的整体来分析研究管理的。管理学的鼻祖泰勒与法约尔也从来没有在其著作中把管理仅局限于对人的管理上，而是基于从做事的效率到组织整体效率研究管理的。

沟通作为管理的介入方式与媒介手段，不应把侧重点限于心理学范畴内的诸多问题上，更不能把如何处理某种情景下的沟通或某类人之间的沟通技巧作为讨论沟通的核心。

马利克教授也早就发现了这个问题：与管理技能相关的教育和培训似乎特指领导力的培养，因而培训的侧重点完全落到了心理学的诸多问题上，就连沟通也被简单看成是人与人之间的相互理解，但其实这只是沟通的一个方面的体现，更重要的方面在于沟通的结构顺序：谁在什么时间要传递给谁什么信息，怎样传递；反过来，谁在什么时间从什么人那里获取什么信息，怎样获得。这些问题并不是心理学能解答的，必须借助切实的系统化综合管理方法才能找到答案。

如果仅仅把"管理"看成是对"人"的管理，那么必然导致心理学占据管理的主导地位。一旦形成这种认识，解决管理问题的办法也只能从心理学范畴中寻求。事实上，管理的真正目标是如何实现"组织长期生存与发展"的问题。管理应着眼于组织整体，而不应限于组织中的个体。同样，沟通应基于企业组织系统环境下展开。本书已经涉及从沟通起始的信息传递，到沟通过程，再到如何在完整的项目中进行多次合理沟通。接下来我们简单交流如何在组织体系框架下建立沟通体系。

　　笔者根据长期的企业咨询与案例研究把如何实现组织的高效运营总结为五个层面：持续变革以适应发展中的组织架构，不断完善以适应竞争要求的组织规则，构建相对稳定、清晰流畅的运营流程，逐步建立完善统一的组织管理语言，进行高效持续的人才梯度建设。

　　企业中的沟通体系建设与以上五个层面中的组织架构、组织规则、运营流程、管理语言密切相关。知名企业非常注重企业的统一规范的语言体系建设，如华为为了建立完善的战略管理流程框架 DSTE，于 2002 年引入美世 VDBD 模型，2004 年引入战略地图解码工作坊，2006 年引入 IBM 公司的 BLM 模型，并在此基础上用了十几年不断完善。IBM 公司的 BLM 模型是在一举扭转 IBM 困境、实现"大象跳舞"的前董事长郭士纳先生的主导下开发的。

　　目前的高科技企业通用的绩效体系 OKR，最早是由英特尔公司开发使用的，经谷歌、领英等高科技企业在内部作为绩效管理的通行工具后得以在全球推广。一个很有意思的现象是很多管理工具都是由企业主导、为满足企业经营而开发的，并不是由管理学者、管理咨询公司开发的，虽然在工具开发过程中始终伴随着专家的参与。

优秀的企业都非常注重企业的管理体系、工具系统的建设与应用。如前文提到的丰田著名的三大管理工具，日本企业普遍采用的 5S 管理、PDCA 质量管理，美国很多知名企业如通用电气等采用的六西格玛管理。

我国企业非常注重学习各种先进的管理经验，前些年普遍重视企业文化建设。很多企业在内部建立了类似于《华为基本法》的企业经营基本纲领，并注重企业组织体系的建设，如学习"阿里三板斧"等，但还没有对管理工具的统一性引起足够的重视。

# 第二节　渐进式建立企业整体的沟通体系

不要期望一下子就与华为、IBM、丰田一样建立起相对系统的企业管理工具体系。细心的读者在本书的前文阅读中应该有所体会，在第四章列举领导学专家戴安娜·布赫在其所著的《领导力的 36 个关键》时所用的 TA-DA 模板，可以统一规范、构思与写作日常文稿，亚马逊的六页纸会议、丰田 A3 报告都是从一个简单工具开始，在整个企业范围内推广应用的，正是因为这些并不复杂的工具在企业中的统一应用，才使其发挥出了惊人的威力。任何工具能否在企业中产生系统的效应，关键在于全企业层面的应用与推广。企业可以通过四个步骤来建设企业内部组织语言体系，逐步形成系统的沟通体系与规则。

### 步骤一：直接应用通用管理工具

对于大多数企业来讲，并不需要投入资金、人力进行自主开发，也不需要合作开发，甚至不需要对现有工具做针对性优化，仅仅有针对性地使用一些现有的管理工具来解决问题就可以了。有意识地选择应用一二个通用的管理工具，诸如 5W2H 分析法、五个为什么、甚至是 TA-DA 模板等都适宜，但要求能够大力在企业内推进整体应用，是企业建立沟通体系的首选方式，也是最经济、见效较快的方式。但这有一定的门槛和要求，需要企业管理者能够理解这些管理工具的适用领域、使用方法，并能结合企业自身的发展需要，有条不紊地进行管理提升。

### 步骤二：通用管理工具的适度调整

管理作为一门科学发展到今天已经逐步成熟，产生了很多管理工具和管理模型，大量的专业服务公司也在研究过程中开发了大量的管理工具。譬如，战略工具就有人们熟知的波特五力模型、价值链模型，麦肯锡 7S 模型、七步问题分析法等，但这些工具大多属于通用型的工具，并不能有针对性地直接解决企业的特定问题，但企业可以在这些工具的基础上做一些适用性开发，结合企业的特定问题进行调适、调整。GE 就借鉴波士顿矩阵、联合麦肯锡开发出了 GE/麦肯锡"多因素组合矩阵"来制定业务组合。

系统调整应用管理工具体系的典范之一是丰田。从 5S

管理、看板管理、发现问题之后的连问五个为什么，再到基于大规模生产优化后的即时敏捷生产，以及其独特的丰田供应链管理体系，丰田有意识地在现有管理工具体系上做适应性优化，并形成自身系统管理工具集，以提升其管理能力与竞争能力。

### 步骤三：引入外部优秀企业的成熟体系

拉卡拉电子支付公司董事长孙陶然先生在一次访谈时，提到其经营的企业——恒基伟业，认为其管理体系基本上是按照联想内部的一个管理手册展开的，而他所创办的拉卡拉电子支付公司的大股东即联想控股集团。因此，恒基伟业和拉卡拉基本上全面参照联想的管理体系构建企业语言系统，这也是联想控股集团进行相关产业投资时除资金之外的核心能力。

引入外部优秀企业的成熟体系促进自身发展，典范首推 GE 引进摩托罗拉的六西格玛质量改善体系，以及华为引进 IBM 的 IPD 研发管理体系，他们都获得了成功。

但是，这种方式其实是最难成功的。国内企业在近 30 年来，几乎每过几年就会掀起一波学习某个标杆企业的热潮,从鞍钢经验到海尔管理,从韦尔奇、稻盛和夫到乔布斯,从美国到日本再到德国企业的精益生产后轮回到美国企业的创新,从百年老店到基业长青,年年学先进,投入的时间、精力不少,但很少有成功的。

直接引入来自其他优秀企业的成熟管理体系都会在企业内部掀起波澜,初期必然会产生"排异反应",能否推行下去,关键在于企业家的魄力、决心及方法。华为在推行一系列引进的管理体系和沟通规则时,采取的是"先僵化、后优化、再固化"的方针,这是一种非常实用的方法。通过观察,我们发现所有成功引进成熟管理体系的企业都遵循了这个过程。"阿里三板斧"也是通过引进通用电气等企业的人才,在其基础上逐步形成的。

### 步骤四:引进专业团队进行开发

引进专业团队是企业最常采取的开发沟通体系的方式,其好处是利用外部专家资源、在合作机构的知识体系上做应用性的开发。但是,这种方式也存在一些问题,因为这种合作通常局限于某一特定的问题,开发相应的解决方法与工具,容易受到项目界定、项目费用、项目周期、项目参与人员、项目审核人员等因素的影响,进而影响最终的效果。在开发完成之后，在实践中需要优化调整时，由于企业缺乏相应专家而导致放弃优化；另外，企业在进行其他相关领域的管理提升时，由于项目不涉及该语言体系，容易使两个体系脱节，导致最初开发的语言无法适应企业现实需求，从而失去了其应有的效用。因此，引入外部团队合作开发时一定要注意及时优化，保持与企业管理同步提升。

对大多数企业来讲，并不推荐完全采用企业自主开发的方式来设计企业的管理工具、建立企业的沟通语言系统。这种自主开发对企业自身要求较高，投入大、周期长，还需要企业招聘相关专业人才设立相关部门，做专项投入保障。企业的沟通语言系统本身需要一个长期的不断实践的优化过程。企业的沟通体系开发往往是企业创始人的管理哲学及管理思想具体化、工具化的过程，这对企业自身能力的要求太高了，取得成功的概率太小了。

企业中的沟通从来就不是一个简单的沟通技巧与某一个人的沟通能力的问题。真正解决因沟通产生的 70%的组织问题，以及减少多级的沟通信息衰减问题，其核心是一套简单、易学、易行的沟通工具，并在整个组织中推广实施。这样才能从组织层面提升沟通的信息交互过程，提高沟通的效率，减少因沟通而产生的管理问题。

企业与组织需要寻找一套适用于所有人员的易学、易行并且相对规范的沟通工具。这套工具应尽量减少因个人特性的依赖，避免因组织语言能力不同而影响沟通信息的传递与沟通效果的偏差，适用于企业与组织中的大多情景下，并可拓展应用于多种沟通情景中，如会议发言、讨论问题、绩效考核反馈、寻求上级及同事的支持协助、工作进度管理等。

补充：关于组织规范，本书借鉴了著名管理学者明茨伯格在《卓有成效的组织》一书中的组织协调工作的基本方法，大致分为五种机制：相互协调、直接监督、工作流程标准化、工作输出标准化、员工技能标准化。明茨伯格认为这五种机制是结构的最基本元素，它们共同作用，将组织聚合在一起。

在此基础上笔者将工作中的规范分为技能规范、工具规范、操作规范、流程规范、模式规范等。关于规范作业的详细论述，有兴趣的读者可参考本系列丛书中即将推出的关于时间管理的书籍，在这本书中，时间管理方法中的核心就是"规范作业"。同时，可参考笔者于《清华管理评论》2012 年第 3 期发表的《"企业密码"——企业组织语言系统建设初探》一文。

# 法之常·用之变

　　用静态的描述来呈现动态的管理实践，几乎是不可能的事情。其静总不能尽显其动，正如《孙子兵法》曰："兵法之传有常，而用之也有变。常者，法也；变者，势也。"书者，可以尽常之言，而言不能尽变之意。所以赵括能书而不能战，易言而不知变也。盖法在书之传，而势在人之用。法之用在人，在其不断实践积累、打磨精进。

　　同样，书中的管理角色与管理方法，在实践中也要通其"变"，书尚不能尽其意，更无法尽其用。"用"是一个不断积累的过程，希望读者能够在日常的工作中切实应用，不断揣摩，才能通其用。通其变是需要长期应用的，持续修正，不断总结提炼，才能被探求和掌握。

这本阐述管理基础能力的书，是我借鉴了前人众多的科研成果、在管理研究的基础上，随着自己的工作实践成长总结而成的。在此，向参考文献中的作者表示衷心感谢。因为本书是基于工作进行的总结，故存在疏漏和错讹之处，欢迎广大读者批评指正。

2021 年春

麻红泽

# 参考书目

[1] [美]大卫·B.尤费，迈克尔·A.库苏马罗.战略思维[M].
王海若，译.北京：中信出版社，2018.

[2] [美]莱思利·威尔克·伯莱克思克.领导行为与赢利能力[M].罗
晓军，等译.海口：海南出版社，2003.

[3] 何绍茂.华为战略财务讲义[M].北京：中信出版社，2020.

[4] [美]彼得·德鲁克.管理：使命、责任、实务[M].王永贵，译.北
京：机械工业出版社，2009.

[5] 俞清，金慧英.教练型管理者[M].北京：中信出版社，2019.

[6] [美]戴安娜·布赫.领导力的36个关键[M].美同，译.北京：北
京联合出版有限公司，2018.

[7] [美]布伦特·施兰德，里克·特泽尔.成为乔布斯[M].陶亮，
译.北京：中信出版社，2016.

[8] [英]蒂姆·布朗.IDEO，设计改变一切[M].侯婷，何瑞青，
译.杭州：浙江教育出版社，2019.

[9] [美]珍妮·丽迪卡，蒂姆·奥格尔维.可设计的增长：管理者的
思维设计工具箱[M].林琳，译.北京：机械工业出版社，2016.

[10] [奥]弗雷德蒙德·马利克. 管理：技艺之精髓[M]. 刘斌，译. 北京：机械工业出版社，2018.

[11] [美]肖恩·埃利斯，摩根·布朗. 增长黑客：如何低成本实现爆炸式成长[M]. 张溪梦，译. 北京：中信出版社，2018.

[12] [加]亨利·明茨伯格. 卓有成效的组织[M]. 魏青江，译. 杭州：浙江教育出版社，2020.

[13] 白立新. 管理的细微[M]. 北京：东方出版社，2010.